French

Short Stories for

Beginners

Have Fun with Easy French Stories! a Shortcut to Learn French step-by-step and to Improve Your Vocabulary and Skills in a Funny Way!

BOOK 1

Louis Pascal and Anne McKenzie

Table of Contents

Introduction

Thank you for purchasing this book and we hope you enjoy! Welcome to the beginning of your French language studies and congratulations on taking the first step.

This book of short stories will provide you with a fun and interesting way to learn French words, vocabulary, and pronunciation.

This book is designed to be read out loud so that you can practice the pronunciation of these new words while you learn them. This is the best way for you to teach both your brain and your mouth how to say these words at the same time. Reading the stories aloud will help you to have better comprehension as well as to be able to speak the language. Often, when learning a language, people become good at reading and writing in that language, but then they have trouble with speaking it aloud. By speaking aloud these stories while you read them, you will avoid this dilemma and will be on your way to becoming a well-rounded linguist.

These stories will increase in difficulty chapter by chapter and by the time you reach the last story, you will have a large number of new words and phrases to take with you as you continue in your studies. This book is an excellent chance for you to begin your journey of learning the French language.

Learning a new language by reading stories will make it easier to remember the words and phrases you come across because you will be able to associate these phrases or words with the parts of the story they are related to. You will remember the fun and interesting story you read where your favorite character used that phrase or said that word, and this will help your memory. Associating new words with a concept you know is a great way to fix them in your memory.

These stories can be shared with your children or your friends who may also have an interest in learning the French language. Sharing these stories with them and reading to each other is a fun and interesting way to learn a language. Read these stories as many times as you wish and return to this book whenever you wish for a nice story and some French education. Each chapter ends with a list of the key phrases and words used in the story along with their translation and pronunciation. These lists can be revisited whenever you need a refresher! At the end of each chapter you will also find a small quiz that will help you to determine how well you understood the story and what parts you may want to read again, allowing you to ensure you have full comprehension of the story before you proceed to the next one.

We recommend trying these quizzes before you read the English story summary, to test your knowledge to the fullest.

Enjoy this book and the fantasy world in which it will immerse you in. Proceed with an open mind and a sponge-like brain!

Chapter 1 : Sylvie Et Le Livreur De Lait

Introduction and Story Directions

Welcome to the first story of this book. Please read this story aloud for the best comprehension. If you have trouble with the pronunciation or meaning of any of the words or phrases in this story or any others in this book, flip to the end of each chapter where you will find a translation and pronunciation resource page specific to each story. You can also listen to the audiobook for help with pronunciation where you will be able to hear a fluent French speaker read the stories aloud for you. Reading each story multiple times is encouraged and once you understand and are comfortable with the words used and their meaning in each of the stories, proceed to the next chapter. The stories will become progressively difficult as you make your way through the book, which will help you in progressing steadily as you learn more about the language. Be patient with yourself and understand that it takes time to learn a new language. I hope you enjoy.

Each chapter will begin with a small introduction in English to give you an idea of what the story you are about to read will be about. This will help you to go into the story with some themes in your mind so that you can better understand the entirely French story. Knowing a little bit about what the story is saying before you read it will help in your comprehension. Try to read the story in French entirely before you look at the full story summary in English. If you need help, consult the list of translated words at the end of the chapter. After you have read the story and consulted the list of translated words and phrases, visit the quiz at the end of the chapter and try it out. This will test your understanding of the story plot. Then if you need help, look at the story summary in English as your last step. Happy reading!

This first story is about forbidden love and the lengths that people will go to for love. It includes marriage and a milkman. The story's themes are love, family, marriage, and royalty.

Sylvie Et Le Livreur De Lait

Dans une petite ville en France vit une princesse qui s'appelle Sylvie. Elle a vécu dans le château depuis sa naissance. Elle a été toujours très proche à ses parents, pendant toute sa vie. Quand elle avait dix-huit ans, elle savait qu'elle devait se marier dans une année.

Elle est maintenant dix-neuf ans, et ça veut dire qu'elle est assez âgée pour se marier. Les parents de Sylvie veulent qu'elle se marie avec Louis, le prince d'une autre petite ville en France. Louis est surexcité par l'idée de se marier avec Sylvie et ses parents ont le même sentiment. Les parents de Sylvie disent qu'ils ne veulent pas qu'elle se marie avec quelqu'un qui n'est pas de la royauté raison par laquelle ils ont choisi Louis.

Le problème c'est que Sylvie est amoureuse du livreur de lait qui vient à son château chaque matin. Personne ne sait que Sylvie et le laitier Remy sont ont relation. Sylvie et Remy s'embrassent dans le jardin la nuit quand toute le monde est endormi. Ils s'embrassent dans le dos du camion de Remy quand il apporte la livraison de lait. Les deux ne peuvent pas s'arrêter de s'embrasser tous les deux.

Le jour du mariage arrive et Sylvie ne sait pas quoi faire. Elle ne veut pas se marier avec Louis, elle veut se marier avec Remy ! Elle

6

sait que ses parents ne vont pas changer leurs idées à propos de qui elle peut se marier avec. La mère de Sylvie vient à sa chambre pour lui donner sa robe de mariée, et Sylvie s'habille avec un sentiment de tristesse. Elle finit à s'habiller, quand elle entend le bruit familier du camion de lait de Remy. Elle court dehors pour dire bonjour à Remy.

Car Remy sait que c'est le jour de mariage de Sylvie et Louis, il marche avec un air triste aussi. Remy dit bonjour à Sylvie et sa mère. Il donne les bouteilles de lait à la mère pour avoir un moment seul avec Sylvie. C'est la dernière fois que Remy et Sylvie peuvent être ensemble, car après la cérémonie Sylvie doit accompagner Louis à son château dans l'autre ville. Cette ville n'est pas dans la zone de livraison de Remy. Le temps vient quand ils doivent dire au revoir tous les deux. Remy sait qu'il ne peut pas la serrer dans ses bras, alors il dit au-revoir avec une poignée de main, puis il monte dans son camion. Ils sont tous les deux en larmes mais ils essaient à les couvrir pour que personne ne sait ce qui se passe.

Remy conduit vers la rue et il pense à tous les moments qu'il a eus avec Sylvie. Il pense aussi à son amour pour elle. Il est très triste et il pense qu'il ne trouvera jamais une autre amour comme Sylvie. Un moment plus tard, Remy entend, dans une voix très tranquille, "Remy ?" d'en arrière de son siège. Il claque les freins et il tourne pour voir d'où vient ce son. Il voit Sylvie, assis sur une boîte de bouteilles de lait à l'arrière du camion. Remy sourit et saute en arrière pour l'embrasser. Ils sont tous les deux très heureux d'être ensemble. Après qu'ils s'embrassent passionnément pour quelques minutes, Remy demande à Sylvie,

"Mais qu'est-ce que tu fais ici ?

- Je ne peux pas vivre sans toi ! Réponds Sylvie. J'ai montée dans ton camion avant que tu aies quitté mon château et j'ai attendu le bon moment pour faire une surprise à toi ! J'ai attendu le moment où on est arrivée assez loin de mon château pour que personne nous ne voit pas.

-Je suis très excité. Répond Remy. Mais tes parents vont nous tuer !

-On va conduire, et on ne va pas arrêter jusqu'on arrive en Espagne. C'est là où on va commencer notre nouvelle vie."

Remy sourit un sourire très large et l'embrasse une autre fois. Il tourne vers le volant et Sylvie s'assit dans le siège à côté de Remy. Elle lui tient la main. Remy commence à conduire vers l'Espagne, le camion rempli d'amour et du lait.

Summary of Sylvie Et Le Livreur De Lait

There is a princess named Sylvie who is supposed to marry a prince named Louis.

Sylvie's parents have chosen Louis to be her husband because he is a prince and is from a respected family.

The problem is that Sylvie loves Remy the milkman and Remy loves her too. They have been having a secret love affair. They kiss in the garden at night when everyone is sleeping, and they kiss in the back of Remy's truck when he brings a delivery. They can't stop kissing each other.

Her parents want her to marry a prince and will not allow her to marry a milkman.

On the morning of Sylvie's marriage, while Sylvie is getting ready with her mother, Remy comes to bring a milk delivery in his milk truck as per usual. Remy hands the milk delivery to Sylvie's mom so that he can have a minute alone with Sylvie. Remy and Sylvie share a tear-filled goodbye as they know that they will never see each other again- Sylvie has to move with Louis to his castle far away after the wedding. Remy knows that he cannot hug or kiss Sylvie because they are in public, so he can only give her a handshake. He climbs into his truck and waves goodbye.

Remy drives off, sad and defeated. As he is driving, he is thinking about how much he loves Sylvie. Suddenly, he hears a small voice calling his name from the back of his truck. He turns around to see Sylvie hiding amongst the milk bottles. Remy jumps in the back of the truck to get to Sylvie. He kisses and embraces her and then he asks her how she got there and what she is doing there. Sylvie tells him that she cannot live without him.

Sylvie tells Remy she jumped in his truck before he drove away. She hid there until they were far enough from her castle so that nobody would see her, and then she decided it was time to surprise Remy. Remy is unsure about this as he knows her parents will kill them if they find out. Sylvie assures him that they will not be found out, because they are going to drive non-stop until they reach Spain. Remy agrees with this plan, as he loves Sylvie so much. She climbs into the front seat and they drive off together to start a new life in Spain with nobody telling them they cannot get married.

Words and Phrases from Sylvie Et Le Livreur De Lait

Welcome to the first page of words and phrases for this book. This list of words and phrases are ones that can be found in the story *Sylvie Et Le Livreur De Lait* that you just read. Feel free to follow along with this list of words as you read the story so that you can quickly find any word you get stuck on. These words will be in the order that they appear in the story for the first time. The letters in brackets that you will see beside each of the French words below is a phonetic guide to how to say each word in French. Look at the letters in brackets and pronounce them out loud to hear how they sound. Doing this will get both your brain and your tongue used to say these words and will help you to remember them as they crop up in later stories as well. Once you learn these words and their pronunciations well, you will be well-equipped to read the rest of the stories in this book.

- Livreur de lait : [livʀœʀ] [də] [lɛ] : Milkman

- Princesse: [pransess]: Princess

- Ville: [vil]: Town

- Assez âgée pour se marier: [ase] [ah-j] [poor] [suh] [mah-ree-eh]: Old enough to get married

- Sylvie est amoureuse du Livreur de lait: [seel-vee] [eh] [ah-moor-eu-z] [do] [lee-verer] [d] [lay]: Sylvie is in love with the milkman

- Surexcité: [soor-ex-ee-tay]: excited

- Sentiment: [son-tee-mont]: feeling, sentiment, emotion

- Liaison : [lee-ay-zon] : love affair

- Royauté: [roy-oh-tay]: Royalty

- Ils ont choisi: [eel] [on] [sh-wa-see]: They chose (past-tense)

- Sylvie ne sait pas quoi faire: Sylvie [nuh] [say] [pah] [kwah] [fair]: Sylvie doesn't know what to do

- Chambre : [sh-om-brr]: Bedroom

- Robe de Mariée : [rub] [duh] [Ma-ree-eh]: Wedding dress

- S'habille: [ss-ah-bee]: To get dressed

- Un sentiment de tristesse: [en] [ss-on-tee-moh]: A feeling of sadness

- Camion de lait: [ka-mee-on] [duh] [lay]: Milk truck

- Elle court [L] [cou-r]: *verb* Courir [cou-reer]: She runs: To run

- Un air triste: [en] air [t-ree-sst]: An air of sadness

- Bouteilles de lait : [boo-tay] [duh] [lay] : Milk bottles

- Pour la dernière fois: [poo-r] [lah] [dare-nee-air] [f-wah]: for the last time

- Zone de livraison : [duh] [lee-v-ray-zon] : Delivery area

- serrer dans ses bras: [loo-ee] [s-air-ay] [dawn] [say] [br-aa]: To hug (someone)

- Poignée de main: [po-an-yay]-duh] [meh-n]: Handshake

- En larmes: [on] [l-ar-m]: In tears
- Siège: [see-ye-dge]: Seat

- Claquer les freins: [kla-kay] [lay] [fre-ns] To slam the brakes

- Embrasser: [ah-m-brass-ay]: To kiss

- Je ne peux pas vivre sans toi: [juh] [nuh] [puh] [pah] [vee-v-ruh] [s-on] [twah]: I can't live without you

- Assez loin: [ass-ay] [l-w-eh-n] Far enough

- Tuer: [too-eh]: To kill

- Espagne: [ess-pa-n-yuh]: Spain

- Vie: [vi] Life

- Volant: [voh-l-ont] Steering wheel

- Elle lui tient la main: [L] [l-wee] [t-ye] [lah] [meh-n]: She holds his hand

- Conduire: [kon-d-wee-rr]: To drive

- Rempli: [rom-plee]: Full

Comprehension Questions for Sylvie Et Le Livreur De Lait

Q1: Who was Sylvie supposed to marry?

   a) Jean

   a) Remy

   b) Louis

   c) Laitier

Q2: What was the profession of the person Sylvie loved?

   a) A farmer

   b) A knight

   c) A milkman

   d) A mailman

Q3: Who chose the person Sylvie was scheduled to marry?

   a) Herself

b) Her parents

c) Her aunt

d) The prince

Q4: Where did Remy find Sylvie hiding?
   a) In the back of his truck

   b) In the bushes

   c) On the road

   d) In her bedroom

Q5: What did Remy say when he found Sylvie?

   a) "I have to take you back"

   b) "Is Louis coming?"

   c) "Let's fly to Bali"

   d) "Your parents will kill us!"

Q6: Where did Remy and Sylvie begin their new life?

a) France

b) Spain

c) Russia

d) Greece

Chapter 2: L'Histoire De Mélanie

This story is about a stubborn girl who will not listen to her doctor, and who gets a scary surprise on a visit to a store one day. She must face her biggest fear to survive.

L'Histoire De Mélanie

À Londres vit une fille qui aime beaucoup le chocolat. Chaque jour, elle marche au magasin avec sa mère pour acheter du chocolat. Elle n'aime pas les végétales du tout ! Quand sa mère mange les végétales et du poulet pour le dîner, Mélanie mange son chocolat. Le docteur dit qu'elle doit commencer à manger les autres choses, mais Mélanie dit qu'elle n'aime pas autre chose sauf le chocolat.

Un jour, la mère de Mélanie ne peut pas lui accompagner au Magasin car elle est occupée. Donc, Mélanie doit marcher au magasin toute seule. Elle va au magasin comme d'habitude, mais quand elle arrive, elle ne peut pas trouver le chocolat à l'endroit où il est toujours placé ! Elle commence à paniquer. Elle demande à son ami Pierre qui travaille au magasin,

"où sont les chocolats ?"

Il sait que Mélanie ne peut pas survivre sans chocolat, car elle ne mange pas rien d'autre. Pierre vient pour voir à quoi Mélanie parle. La place où sont normalement les chocolats est maintenant occupée par des grappes d'épinards ! Pierre et Mélanie commencent à pousser des cris. Ils tournent tous les deux pour regarder les autres étagères dans le magasin et ils voient que toutes les friandises et toutes les casse-croûtes ont disparu ! Maintenant, ces étagères sont remplies par des grappes d'épinards aussi. "C'est quoi ça ? Mélanie crie vers Pierre.

-Je ne sais pas qu'est-ce qui se passe ! Répond Pierre."

Une seconde plus tard, ils entendent un bruit qui vient du congélateur de crème glacée. Lentement, ils marchent vers le congélateur. Mélanie prend la poignée et commence à ouvrir le couvercle. Avant qu'elle a la chance pour l'ouvrir, Pierre commence à hurler ! Mélanie tourne pour voir pourquoi. Elle voit Pierre qui est maintenant dans les bras d'une grappe d'épinards énorme ! Mélanie est tellement effrayée car elle n'aime pas les végétales du tout *et* ce végétale est plus grand et effrayant que n'importe quoi d'autre qu'elle a vu dans sa vie. Mélanie doit réagir à la situation avec vitesse. Elle prend les grappes d'épinards d'à côté d'elle puis les lance vers Pierre et l'épinard. Rien ne change ! L'épinard géant tient Pierre dans ses branches et Pierre ne peut pas échapper.

"On doit les manger pour sauver nos vies ! Crie Pierre

-J-j-je ne peux pas Pierre ! Tu le sais !

- On n'a pas de choix Mélanie !"

Mélanie prend une grappe d'épinards dans ses mains et le regarde avec la peur dans ses yeux. Pierre commence à manger la branche d'épinard qui est tournée autour de son corps pour lui libérer. Une minute plus tard, il tombe au plancher. Toutes les autres grappes dans le magasin commencent à bouger.

"Mélanie j'ai besoin de ton aide ! Pierre dit.

-euh Dit Mélanie. "

Pierre commence à prendre des épinards et les manger. Mélanie craint pour sa vie, et elle sait maintenant qu'elle a seulement un choix. Elle amène les épinards vers sa bouche et, avec les yeux fermés, prend une bouchée. Pierre regarde son expression pour voir si elle est correcte. Mélanie avale et elle ouvre ses yeux lentement.

"Tu es saine et sauve ! Crie Pierre.

-Je suis vivante ! Crie Mélanie en réponse."

Les deux prennent plus d'épinards et ils commencent à manger aussi vite qu'ils peuvent.

Dix minutes plus tard, ils ont mangé tous les épinards au magasin. Ils sont maintenant rassasiés, mais le magasin est vide et il n'y a plus de danger.

Mélanie est fière d'elle-même. Elle a surmonté sa pire crainte et elle a survécu !

Mélanie et Pierre n'ont pas encore trouvé la cause de l'infiltration du magasin par les épinards, et personne ne croit pas l'histoire quand Mélanie et Pierre le raconte.

Summary of L'histoire De Mélanie

There is a girl named Melanie, who lives in London. She loves chocolate more than anything.

Each day, she goes with her mother to the store to buy chocolate. She eats only chocolate and nothing else. The doctor has advised her to begin eating other things, but she replies by saying she hates vegetables.

One day, her mother is busy and cannot go with her to the store. Melanie goes to the store on her own.

When she gets there, she heads for the aisle with the shelves of chocolate but when she gets there, she sees that there is no chocolate, all the chocolate has been replaced by bunches of spinach. She screams and calls over her friend Pierre who works in the store. She asks him what is going on. He has no idea what has happened.

They both turn around and notice that all the shelves' contents have been replaced by bunches of spinach. They hear a noise coming from the ice cream fridge and Melanie walks over to it. She reaches out to open it but before she can, she hears Pierre scream.

She turns around and sees that he is in the arms of a giant spinach bunch! Melanie begins to throw bunches of spinach at it. She is very afraid since she hates vegetables more than anything else and there is a giant spinach bunch standing right in front of her.

Throwing spinach does not work and she tries to think of another solution.

Pierre tells Melanie that they have to eat it to get free. Melanie is terrified. Pierre begins to eat the spinach that is wrapped around him and gets himself free. He falls to the ground and begins to eat all the spinach he can.

Melanie stares at the spinach bunch in her hands and tries to gather the courage to eat it. Pierre yells for Melanie to start eating quickly because their safety is threatened.

Melanie closes her eyes and takes a big bite. She opens her eyes and looks around, shocked. Pierre cheers for her. "I'm alive!" She cheers. She continues eating as much as she can.

Ten minutes later, Pierre and Melanie lie on the floor full and tired. The store is empty now and therefore the threat is gone.

Pierre and Melanie never figured out what caused the infiltration of the store by spinach, but Melanie learned that she would survive if she eats vegetables and that she has a lot more strength than she even knew.

Words and Phrases from *L'histoire De Mélanie*

This is the second list of words and phrases in this book. This list is for the story *L'histoire De Mélanie* that you just read. Here, you will find the written phonetic pronunciations of the words that appear in this story, just like you did in the last one. Read these aloud as well just like you did for the last story and watch it come to life for you. Try saying each word aloud five times with proper pronunciation to really process the word in your mind and in your mouth.

- Chocolat: [shaw-co-lah]: Chocolate

- Magasin: [mah-ga-zan]: Store

- Acheter: [ah-sh-eh-tay]: *verb*. To Buy

- Végétales: [v-eh-j-eh-tah-le]: Vegetables
- Docteur: [dok-tur]: Doctor

- Donc: [d-on-k]: So/Therefore

- L'endroit: [l-on-d-rwah]: The location/The spot

- Car: [ka-h]: Because/Since

- Occupé par: [aw-k-you-pay] [pah-r]: Occupied by

- Grappes d'épinards: [g-rap] [dep-een-R-d]: Bunches of Spinach
  Pousser des cris: [poo-s-eh] [day] [kree]: To shout out/To scream out

- Ils tournent tous les deux: [eel] [too-r-n] [too-s] [lay] [duh]: They both turn

- La friandise: [lah] [free-on-dee-z]: The candy

- Les casse-croûtes: [lay] [k-ass-k-roo-t-s]: Snacks

- Étagères: [ay-tah-j-air-s]: Shelves

- Bruit: [brr-oo-eet]: Noise

- Congélateur: [k-on-j-lah-tur]: Freezer

- Crème Glacée: [k-rem] [g-lah-say]: Ice Cream

- La poignée: [lah] [p-wah-n-yay]: The handle

- Ouvrir le Couvercle: [ooh-v-reer] [luh] [koo-v-air-k-le]: Open the Lid

- Hurler: [her-lay]: To Yell

- Énorme: [ay-no-rm]: Enormous/Big

- Réagir avec vitesse: [ray-ah-j-eer] [ah-vek] [vee-tess]: React quickly

- Tu le sais: [too] [luh] [say]: You know that/You know it

- Choix: [sh-wah]: Choice

- Avec la peur dans ses yeux: [Ah-ve-k] [lah] [purr] [don] [say-s] [yuh]: With fear in his/her eyes

- Le Plancher: [luh] [p-lon-shay]: The Floor

- Échapper: [ay-sh-app-ay]: To escape

- Craint pour sa vie: [k-ran-t] [poo-r] [sah] [vi]Fear for her life

- Amène vers sa bouche: [ah-men] [v-air] [s-ah] [boo-sh]: Bring it to/towards her mouth

- Une bouchée: [ooh-n] [boo-sh-ay]: A bite

- Si elle est correcte: [see] [L] [ay] [k-or-eh-k]: If she is okay/If she is alright

- Avale [ah-v-ah-l] = *verb* Avaler [ah-v-ah-lay]: To swallow

- Ouvre ses yeux [oo-v-ruh] [say] [yuh]: Open her/his eyes

- Saine et sauve [s-eh-n-e] [ay] [s-oh-v] = sain [s-eh-n] et sauf [s-oh-f]: safe and sound (expression) = Alive and well
- Vivante = Vivant: [vee-v-on-t]: Living/Alive

- Aussi vite qu'ils peuvent: [oh-see] [veet] [k-eel] [p-uh-v]: As fast as they could

- Rassasié: [r-ass-ass-ee-ay]: Full/Satiated (of food)

- Vide: [vid]: Empty

- Il n'y a plus de danger: [eel] [n-ee-yah] [p-l-oo] [duh] [don-jay]: There is no more danger

- Surmonter sa pire crainte [s-oo-r-mon-tay] [sah] [peer] [k-ran-tuh]: (To) overcome his/her biggest fear

- Elle a survécu [L] [ah] [s-oo-r-vay-k-you] = verb survivre [s-oor-vee-v-r]: She survived = to survive

- Infiltration: [in-fill-t-rah-s-yon]: Infiltration

- Croit = verb croire [k-r-wah-r]: To believe

Comprehension Questions for L'Histoire De Melanie

Q1: What did Melanie eat every day?

    a) A balanced meal

    b) Spinach

    c) Candy

    d) Chocolate

Q2: Who told Melanie she should eat differently?

    a) Her mother

    b) Her friend

    c) Nobody

    d) Her doctor

Q3: Why did Melanie go to the store alone that day?

    a) Her mother was busy

b) Her mother was bored

c) Her mother didn't want to

d) Her father wasn't home

Q4: What was the name of Melanie's friend who worked in the store?

a) Etienne

b) Pierre

c) Jacques

d) Melanie

Q5: What was threatening Melanie's friend's life?

a) A giant bunch of spinach

b) The freezer

c) Melanie herself

d) Chocolate

Q6: What did Melanie have to eat in order to save herself

a) Chocolate

b) Candy

c) Snacks

d) Spinach

Chapter 3: Le Bûcheron

This story is about a lumberjack who has an unfortunate event happen to him and an unexpected visitor who ends up testing his sincerity.

Le Bûcheron

Un bûcheron qui vit à la forêt coupe les arbres chaque jour avec le même axe. Cet axe est sa possession là plus précieuse car il l'utilise chaque jour pour faire son travail.

Un jour, son axe tombe dans la rivière quand il est en train de couper un arbre très proche de la rivière. La rivière est très profonde et il ne peut pas voir son axe du tout ! Il ne peut pas voir le fond de la rivière, alors il ne sait pas comment le sauver et c'est pour ça qu'il ne peut pas récupérer son axe. Il devient triste et il s'assit au bord de la rivière et il commence à pleurer.

Tout à coup, un dieu apparaît. Le dieu dit qu'il est appelé le dieu des rivières. Le dieu demande au bûcheron, "pourquoi est-ce que vous pleurez ?

- J'ai perdu mon axe ! Dit le bûcheron. Il est tombé dans la rivière et je ne peux pas le voir.

-attends mon gars."

Le dieu des rivières saute dans l'eau et il va assez profond que le bûcheron ne peut pas le voir sous l'eau. Il craint. Une minute plus tard, le dieu fait surface. Dans sa main, il a un axe fait complètement de l'or.

"Je vous remercie, mais ça ce n'est pas mon axe."

Le dieu plonge encore dans l'eau, et quand il fait surface ce fois, il a dans sa main un axe fait complètement de l'argent.

"Je suis désolé, mais ça ce n'est pas mon axe non plus."

Encore une fois, le dieu plonge au fond de la rivière pour récupérer l'axe du bûcheron. Quelques minutes plus tard, le dieu fait surface et dans sa main il tient un axe fait de fer. Ce fois, le bûcheron dit,

"C'est mon axe ! Vous avez trouvé mon axe !"

Le dieu est très fier du bûcheron car il n'a pas accepté les axes avec beaucoup plus de valeur que l'axe fait de fer qui appartient vraiment au bûcheron. Pour son honnêteté, le dieu veut lui donner une récompense. Le dieu donne le bûcheron l'axe fait d'or et l'axe fait d'argent comme cadeau.

Fin

La leçon dans cette histoire c'est que quand on est honnête, nous sommes récompensés par l'univers dans des façons énormes. Quand on est honnête à propos de quelque chose, même si on peut recevoir quelque chose qu'on veut, on peut recevoir des récompenses très grandes pour choisir le bon choix. Quand nous décidons de ne pas mentir, les gens peuvent voir que nous sommes authentiques et gentils et ils veulent être nos amies comme résultat.

Summary of Le Bûcheron

There is a lumberjack who lives in the woods and is cutting a tree near the river one day. While chopping down the tree, he drops his axe into the river.

The river is so deep that he can't see to the bottom and he cannot see his axe at all. He doesn't know how he will get his axe back, so he sits on the edge of the river and begins to cry.

Suddenly, a god appears. He says that he is called the god of rivers. The god of rivers asks the lumberjack why he is crying, and the lumberjack tells him that he has lost his axe at the bottom of the river.

The god then dives into the river to get the axe. After a few minutes, the lumberjack starts to get worried because the god is still down there, and the river is so deep. Then, the god surfaces. He has come back with an axe made of gold.

"Thank you, but that's not mine." Says the lumberjack

The god puts the axe down and dives into the river again. After a few minutes he surfaces and when he comes up, he has an axe made of silver in his hand.

"I'm sorry, but that's not mine either." Says the lumberjack

The god dives in again and this time he comes up to the surface and out of the water with an axe made of iron in his hand.

"My axe!" The lumberjack exclaims excitedly.

It turns out that the god of rivers is impressed with the lumberjack's honesty. He is happy and proud that the lumberjack did not lie to take either of the axes that were of much more value than his own- gold and silver are much more valuable than iron. As a reward, the god of rivers gives the lumberjack the axe made of gold and the axe made of silver as well as his own axe. The lumberjack accepts the reward graciously.

The moral of this story is that when we are honest, despite being in a position where we could easily lie and earn something we may really like to have, the universe rewards us in big ways. Honesty is always the best choice and it comes back to help you later in even better ways than if you had lied in the first place. You gain a bigger reward from being honest than from taking what you want with dishonesty. When we are honest people can see that we are genuine, and they want to be our friend as a result.

Words and Phrases From Le Bûcheron

Welcome to the third list of words and their pronunciations, and the last list in this book that includes written phonetic pronunciations. While reading through this list and saying the words aloud as they are written to be pronounced, try to notice patterns with letters and the way they are pronounced depending on what letters come before or after it. This will make you a master of the French language and will help you in reading all of the stories that are to follow because you will be able to determine the pronunciation all on your own.

- Bûcheron [boo-sh-er-on]: Lumberjack

- Coupe[coop] = verb Couper[coop-ay]: To cut/to chop

- Arbres: [r-b-r]: Trees

- Axe: Axe

- Tombe = verb Tomber[t-om-bay]: To fall

- Rivière: [ree-vee-air]: River

- Quand il est en train de couper [k-on] [eel] [ay] [on] [t-ran] [duh] [coo-pay]: When he is in the middle of cutting = While he is cutting

- Proche: [p-ro-sh]: Close

- Profond: [pro-f-on]: Deep

- Le Fond: [luh] [f-on]: The bottom

- Récuperer: [ray-coop-r-ay]: Retrieve

- Triste: [t-ree-st]: Sad

- Il s'assoit [eel] [s-ass-wah] = verb s'assoir: He sits = To sit

- Pleurer: [p-luh-r-ay]: to cry

- Tout a coup: [toot] [ah] [coop]: All of a sudden

- Un dieu: [uh-n] [dee-yuh]: A god

- Dieu des rivières: [dee-yuh] [day] [ree-vee-air-s]: God of the rivers

- Perdu[pair-doo] = verb Perdre[pair-d-ruh]: To lose

- Voir: [v-wah-r]: To see

- Sa main: [s-on] [m-eh-n]: His hand (body part)
- De l'or: [duh] [l-oh-r]: Of gold

- Plonge [p-lawn-j] = verb Plonger [p-lawn-jay]: To dive

- De l'argent [duh] [l-ar-j-on-t]: Of silver

- ça ce n'est pas mon axe non plus [s-ah] [s-uh] [n-ay] [p-ah] [m-on] [ah-k-s] [n-on] [pl-oo-s]: That's not my axe either

- Tient [t-yah-n] = verb Tenir [t-uh-neer]: To hold

- Fer: [f-air]: Iron (metal/Element)

- Fier: [f-ee-air]: Proud

- Valeur: [val-er]: Value

- Honnêteté: [on-eh-tay]: Honesty

- Récompense: [ray-k-om-pon-s]: Reward

- Cadeau: [k-ad-oh]: Present/Gift

- Des façons énormes : [day] [f-ass-on] [g-row]: In big ways

- L' Univers [loon-ee-v-air] = L' univers [luh] [oo-nee-v-air]: The Universe

Comprehension Questions from Le Bûcheron:

Q1: Why was the lumberjack sad?

   a) He lost his plaid shirt

   b) He lost his brown boots

   c) He lost his Big beard

   d) He lost his axe

Q2: Who came to help the lumberjack

   a) His lumberjack friend

   b) His diver friend

   c) The god of rivers

   d) The god of water

Q3: What axe did he pull out of the water first?

   a) A golden axe

b) A silver axe

c) An iron Axe

d) A wooden axe

Q4: What axe did he pull out of the water next?

a) A golden axe

b) A silver axe

c) An iron axe

d) A wooden axe

Q5: Which axe turned out to be the lumberjack's axe?

a) The golden axe

b) The silver axe

c) The iron axe

d) The wooden axe

Q6: What did the helper give to the lumberjack as a reward?

a) The golden axe

b) The silver axe

c) Nothing

d) A and B

Chapter 4: Le Petit Chat (Qui N'est Pas Très Petit Du Tout)

This story is about a girl and her brother who find a cute surprise in their backyard one afternoon, and it turns out to be way more of a surprise than they could have ever imagined.

Le Petit Chat (Qui N'est Pas Très Petit Du Tout)

Un jour, Chérie et son frère Mathieu jouent dans la forêt derrière leur maison. Le frère de Chérie lance le ballon et il passe par elle. C'est là quand ils voient un petit chat qui commence à jouer avec le ballon. Lentement, Chérie et son frère marchent vers le chat. Le chat commence à ronronner et il les donne les coups de langues.

Chérie et Mathieu décident d'apporter le chat à la maison. Ils entrent dans la chambre et ils placent le chat sur le lit de Mathieu. La mère des enfants les appelle pour le dîner, alors ils ferment la porte et ils descendent l'escalier. Ils mangent leur dîner rapidement car ils sont excités pour jouer avec le chat.

Ils courent vers leur chambre et quand ils ouvrent la porte, ils voient que le chat est parti ! Ils cherchent partout. Ils cherchent sous les lits, ils cherchent derrière les rideaux, ils cherchent sous les couvertures. Le petit chat est disparu. Ils entendent une rafale de vent et ils réalisent que la fenêtre a été ouverte pendant qu'ils ont mangé le dîner. Chérie et Mathieu courent à la fenêtre avec urgence. Tous les deux regardent l'arrière-cour et ils voient le petit chat. Mais le petit chat n'est pas sur le gazon. Le petit chat vol dans l'air ! Il a déployé des ailes et il est beaucoup plus grand qu'avant.

Mathieu et Chérie montent sur le toit et ils regardent le chat qui fait des tours autour de la maison. Le chat vient proche et il se pose sur le toit. Il fait signe à les enfants de monter sur son dos. Les enfants montent et le chat commence à voler. Il vole de plus en plus en haut et les enfants peuvent voir toute la ville et le coucher du soleil. Après quelques tours de la ville, le chat arrive encore sur le toit de leur maison. Les enfants descendent et ils disent au revoir à leur petit chat qui n'est pas très petit du tout !

Chaque nuit qui suit, après le dîner, le chat vient visiter les enfants et il les prend pour une tour de ville dans l'air au coucher du soleil. Leurs parents ne savent rien à propos de cette routine quotidienne, car ils pensent que les enfants dorment paisiblement.

Fin

La leçon dans cette histoire c'est que vous pouvez prendre quelque chose pour vous-mêmes, mais vous ne pouvez pas contrôler tous les aspects de la vie. Les enfants dans cette histoire ont voulu prendre le petit chat pour eux-mêmes, mais ils ne savaient pas que le chat a eu des vouloirs de lui-même aussi. Ça nous montre que n'importe quoi qu'on contrôle, il y a toujours des autres facteurs qui affectent les résultats.

La leçon est aussi que vous ne pouvez pas juger un livre par sa couverture. Il y a beaucoup de fois où on pense qu'on peut voir quelque chose exactement comme il est, mais la plupart du temps, il y a des choses qu'on ne sait pas. C'est le même avec les autres êtres humains, les animaux, les plantes, et mêmes les situations. Beaucoup de fois on doit examiner la situation de plus proche pour comprendre tout ce qui se passe.

Summary of Le Petit Chat (Qui N'est Pas Très Petit Du Tout)

Cherie and her brother Mathieu are playing with a ball in the forest behind their house when they find a cute small cat. The cat plays with them, licks them and it begins to purr. They play with the cat for hours and then take it home with them because they want to keep it. They bring it inside and hide it in their shared bedroom so that their mother doesn't see it and tell them to get rid of it.

Their mother calls them for dinner, so they put the cat on Mathieu's bed and go downstairs for dinner. They eat dinner as quickly as they can so that they can go and play with the cat again but when they come back, they can't find the cat. They look behind the curtains and under the beds and under their covers. They can't find it anywhere.

They hear a gust of wind and realize that the window was open the entire time. They run to the window and look outside. The cat is outside, but it is not in the backyard! It is in the air! They look up and see that the cat is flying. It has opened big wings from its sides, and it is not small anymore!

Cherie and Mathieu climb out onto the roof and watch the cat do circles around their house. The cat comes to the roof and sits down. It motions for the kids to come over to it. They approach it and they climb on its back. The cat then takes off and takes them for a ride. They fly in circles around their town and can see the beautiful sunset and a great view of their town.

The flying cat then brings them back to their bedroom before their parents notice anything and every night after that it comes back to visit them after dinner and takes them for a ride above their town at sunset. All the while, their parents think they are in bed fast asleep.

The moral of this story is that there are many aspects of life that we cannot control. The kids wanted to keep the cat for themselves, but the cat had ideas for itself too. This shows us that in life, there are many factors that we cannot control, and we must be prepared for this.

The second moral of this story is that things are not always as they seem. Cherie and Mathieu thought that they had found a little kitten that needed to be saved when the kitten ended up helping them out! In life, many things are not as they seem, and we must look closely to fully understand sometimes. This is the same in many situations. Situations may seem to be one way from the outside, but when we examine them closer, we find out they are different.

Words and Phrases from Le Petit Chat (Qui N'est Pas Très Petit Du Tout):

This list is the first in this book that does not include the written pronunciations for all the words in the list. By now, you will have studied and read the previous three lists aloud and will be somewhat familiar with the pronunciation of French words. If you are not, go back and read the other three lists as well as this one a few times over aloud before you continue into the next story. This list will include the written pronunciations of the words that are new to this story- the words that you have not yet seen.

- Chat [sh-a-t]: cat

- Qui n'est pas très petit du tout: Who isn't that small at all

- Jouent = verb Jouer [j-oo-ay]: To play

- Lance=verb Lancer [l-on-ss]: To throw

- Ballon: Ball

- Lentement: Slowly

- Ronronner: To purr

- Donnent les Coups de langues[dun] [lay] [k-oo] [duh] [long-s] = Donner les coups de langues: To give licks

- Maison: House

- Lit: Bed

- Appelle = verb Appeler: To call

- Dîner: dinner

- Ferment la porte = Fermer la porte: To close the door

- Descendent = verb Descender: To descend

- Ouvrent [oo-v-ron] = verb Ouvrir: To open

- Cherchent = verb Chercher: To search

- Rideaux: Curtains

- Couvertures: Comforter/Covers/Bedspread

- Disparu = verb Disparaître: To disappear

- Rafale de vent: [raf-a-l] [duh] [v-on-t]: Gust of wind

- Fenêtre: Window

- Urgence: Urgency

- L'arrière-cour = Le arrière-cour: The backyard

- Gazon: Grass

- Vol = verb Voler: To Fly

- Ailes [I-l-s]: Wings

- Toit: Roof

- Fait Signe: To signal (someone to do something)

- Coucher du soleil: Sunset

- Au Revoir: Goodbye

- Qui suit: that follows

- Routine quotidienne: Daily routine

- Pensent = verb Penser: To think

- Dorment = verb Dormir: To sleep

- Paisiblement: [pay-see-ble-mon-t] Soundly, Peacefully

- Leçon de cette histoire: Lesson, moral of the story

- Prendre: verb To take

- Toi- même: Yourself

- Contrôler: verb To control

- Ne savaient pas [nuh] [sav-ay] [p-ah] = ne Savoir (verb) Pas: To not know

- N'importe quoi on veuille: No matter what we want

- Juger un livre par sa couverture: verb To judge a book by its cover

- La plupart du temps: Most of the time

- Êtres humains: Human beings

- Plus proche: Closer

- Tout ce qui ce passe: [too] [se] [key] [se] [pa-s]: All that is happening, everything that is happening

Comprehension Questions from Le Petit Chat (Qui N'est Pas Très Petit Du Tout):

Q1: What were Cherie and her brother playing with in the forest?

    a) A ball

    b) A frisbee

    c) A trampoline

    d) Hockey sticks

Q2: What is the name of Cherie's brother?

    a) Chat

    b) Mathieu

    c) Petit

    d) Ballon

Q3: What did Cherie and her brother come across in the forest?

    a) A trail of breadcrumbs

b) A little girl

c) A tree

d) A cat

Q4: What did Cherie and her brother do with their new friend when it was time for dinner?

a) Took it up to their bedroom

b) Left it outside

c) Brought it to dinner

d) Put it in the bathtub

Q5: What happened when they returned from dinner?

a) The cat was sleeping

b) The cat was hiding

c) The cat was running

d) The cat wasn't there

Q6: What was the cat doing when they found her?

a) Flying

b) Climbing

c) Nothing

d) There was no cat

Chapter 5: Le Dragon Au Sommet

This story is about a dragon who just wants to love and be loved in return.

Le Dragon Au Sommet

Il était une fois un dragon qui vivait dans un château sur le sommet d'une montagne. Le dragon a habité là pour des centaines d'années, mais personne ne l'a jamais vu. Il avait un petit village en bas de la montagne, et les résidents là-bas parlaient beaucoup du château au sommet de la montagne. Personne n'a jamais visité le château. Tout le monde avait peur du dragon au sommet, et les parents ont raconté des histoires à leurs enfants à propos du dragon qui habitait au sommet de cette montagne.

Un jour, quand le dragon regardait le village en dessus, il a vu une belle fille qui portait une couronne. Il n'avait jamais vu une fille assez belle que cette fille. Il ne pouvait pas arrêter de la regarder. Il est tombé amoureux de cette fille immédiatement. Il a voulu se marier avec cette fille.

Mais il y a un problème, a pensé le dragon. Je ne peux pas visiter le village, tout le monde a peur de moi et j'ai peur de tout le monde aussi. Personne ne me visite ici sur la montagne parce que je suis si gros.

Le dragon avait peur, mais après quelques jours en pensant, il a descendu la montagne pour trouver la belle fille avec laquelle il se voulait marier.

Quand il est descendu, il a vu un garçon. Le garçon jouait dans la forêt tout seul, et il semblait gentil alors le dragon a décidé de lui parler.

Le dragon a demandé au garçon s'il connaissait la belle fille.

« La fille à propos de qui vous parlez est la princesse, et elle vit dans le château » Dit le garçon.

-Ou est-ce que c'est le château ? Demande le dragon.

-Pourquoi ?

-Parce-que, je vais demander si la fille veut se marier avec moi.

-Elle ne va pas se marier avec toi ! Dit le garçon.

Le dragon ne va pas accepter cette négativité, alors il marche vers le centre de la ville pour demander à quelqu'un d'autre.

Car il est devenu tard, le village est vide de personnes. Le dragon a marché de la ville et à la fin il voit un château. Il décide de s'assoir sur une roche pour attendre le matin, car la princesse s'est endormie, pense le dragon.

Le dragon tombe en rêves et il se réveille quand il entend une petite voix de quelqu'un qui lui demande de bouger. C'est la femme de ménage du château. Elle veut que le dragon bouge car elle doit faire le jardinage. Le dragon bouge et il regarde la femme de ménage qui remplace les fleurs avec des nouvelles. Ils parlent pendant qu'elle fait cela, et il apprend qu'elle s'appelle Marie. Marie travaille pour la famille royale qui ne la respecte pas du tout. Marie est triste quand elle raconte au dragon cette histoire. Ils parlent pendant trois heures, et à la fin de la conversation, le dragon ne veut pas que Marie retourne au travail. N'importe pas qu'elle n'est pas belle ou riche, le dragon aime Marie pour sa force et sa sensibilité. Le dragon veut vivre avec Marie et lui donner une vie heureuse.

"Viens avec moi au sommet de la montagne et à vivre avec moi ! Je veux te sauver. Dit le dragon

-Je ne peux pas quitter la famille royale, je suis emprisonnée ici pour le reste de ma vie, je dois travailler pour cette famille pour toute ma vie. Dit Marie avec tristesse.

-Je vais te protéger Marie, au sommet de la montagne personne ne vient pas."

Marie pense pendant quelques minutes. Le dragon attend patiemment. Marie commence à sourire.

"D'accord. Elle dit.

-Oui ! Crie le dragon, et il tient Marie dans ses bras."

Marie monte sur le dos du dragon et ils escaladent la montagne ensemble.

A ce jour ci, personne ne sait où est Marie la femme de ménage du château. Personne ne sait qu'elle vit au sommet de la montagne avec le dragon. Marie et le dragon jouent de la musique, racontent les blagues et font le bronzage chaque jour. Marie est très reconnaissante et elle aime bien le dragon et sa gentillesse.

Le dragon avait pensé avant qu'il eût besoin d'une belle fille pour se marier. Après avoir rencontré Marie, il sait qu'il avait besoin seulement d'une amie proche avec laquelle partager sa vie et son château au sommet de la montagne.

Fin

La leçon de cette histoire c'est qu'on pense qu'on sait ce qu'on veut dans la vie, ou quel résultat on veut voir de certaines situations, mais ça peut changer. On doit vivre avec nos yeux ouverts. Si on vit dans cette façon, on peut voir des choses qu'on ne s'attende pas. Le dragon a pensé qu'il avait besoin d'une belle fille, mais en réalité il avait besoin d'une amie et de quelqu'un avec qui il pouvait partager son château au sommet.

L'autre leçon c'est que, quelques fois, on pense qu'on sait quelque chose quand on le voit d'une distance, mais quand on vient proche on peut voir que c'est différent de ce que nous avons pensé. Toute le monde avait peur du dragon dans cette histoire, mais quand on l'a rencontré comme Marie a fait aussi, on a pu voir qu'il était un dragon très gentil et qu'il avait été simplement isolé.

Summary of Le Dragon Au Sommet

Once upon a time, there was a dragon that lived in a castle at the summit of a mountain. Nobody ventured up the mountain because they were afraid of the dragon.

The dragon was looking down into the village one day when he saw a beautiful girl wearing a crown. He wanted to marry this beautiful girl. He was scared to venture down into the village. He thought about it for a few days and decided it was worth it. He got up the courage and descended the mountain.

When he got to the bottom, he saw a boy so he asked the boy where he could find the beautiful girl that wears the crown. The boy told him that she was the princess and asked the dragon why he was looking for her. "I want to marry her," said the dragon. The boy replied by laughing and saying that the princess would never marry the dragon.

The dragon ignored the negativity and walked towards the town center. As it was now nighttime, there was nobody to be found in the town, so he kept walking and eventually he saw a castle. He decided to wait outside until the princess would wake up in the morning.

He sat down on a rock and eventually drifted off to sleep. He awoke the next morning to a woman's voice asking him to please move. He opened his eyes to see a small woman. She said she needed to do some gardening and was asking him to move so that she could do so. The dragon moved out of her way and then sat down to talk with her for hours. He learned that her name was Marie. She was the maid of the royal family. She told the dragon about what it was like working for the royal family and how they treated her with such disrespect.

At the end of their conversation hours later, the dragon didn't want to see Marie go back into that castle. It didn't matter that she wasn't pretty or rich, the dragon thought because he loved her strength and her sensitivity.

"Come live with me at the top of the mountain" Said the dragon. Marie said that she could not leave the family, that she would have to work for them for the rest of her life. The dragon told her that he wanted to save her and that nobody ever came up the mountain where he lived so she would be safe forever.

Marie thought for a second and then agreed to join him. She got on the dragon's back and they went up the mountain together.

They lived at the top of the mountain where they played music, told jokes, and tanned in the sun together. Until this day nobody knows what happened to Marie the maid and nobody knows that she lives at the mountain summit with the dragon.

The dragon thought he wanted a beautiful girl to marry, but he just needed a good friend who he could share his life at the top of the mountain with.

The moral of this story is that we may think we know what we want and what we are looking for in life, but sometimes this can hold us back. We must live with an open mind to see things that we may not have expected.

The second lesson in the story is that we may think that we know what something is like when we see it at a distance, but when we see it up close it could turn out to be much different than we thought it was. In this town, everyone feared the dragon. But when we really got to know him just like Marie did, we could see that he was quite gentle and just lonely.

Words and Phrases from Le Dragon Au Sommet:

I hope that until now you have been reading and understanding the lists of words and phrases so far. This list will not include the written pronunciations as you will be able to see patterns and themes among common letter pairings and their pronunciations. If you need any assistance, consult the previous lists and look for common words between those lists and these and this will give you a great indication of how to sound out a word that may be new to you.

- Il était une fois: Once upon a time

- Chateau: Castle

- Sommet: Summit

- Montagne: Mountain

- Habité = verb Habiter: To live

- Centaines d'années: Hundreds of years

- Jamais: Never

- En bas du: At the bottom of

- En dessus: Underneath

- Belle: Pretty/Beautiful

- Fille: Girl

- Couronne: Crown

- Tombée en amour = Tomber en amour: To fall in love

- Pensée à lui-même = Penser: (to think) thought to himself

- Peur: Scared

- Se marier: To get married to (someone)

- Garçon: Boy

- Connu = verb Connaitre: To know

- Centre de la ville: Downtown/town center

- Roche: noun, A rock

- Attendu = verb Attendre: To wait

- Matin: Morning

- Pense = verb Penser: To think

- Rêves = verb Rêver: To dream

- Voix: voice

- Bouger = verb: To move

- Femme de ménage: Cleaning lady/Housekeeper

- Jardinage: Gardening

- Appris = verb Apprendre: To learn

- Elle s'appelle: She is named/She is called

- Travaillé = verb Travailler: To work

- La Famille Royale: The royal family

- Triste: Sad

- Histoire: Story

- Trois heures: Three hours

- Riche: Rich (monetary)

- Force: Strength

- Sensibilité: Sensitivity

- Heureuse = Heureux: Happy

- Sauver: to save (from something)

- Quitter: verb To leave

- Emprisonée: To be imprisoned

- Protéger: verb To protect

- Patiemment: Patiently

- Sourire: To smile

- D'accord: Yes or I agree or Ok

- Dos: Back (body part)

- Escalade = Escalader: To scale (a mountain)

- Racontent les blagues = Raconter les blagues: To tell jokes

- Le bronzage: Tanning

- Reconnaissante: Thankful

- Gentillesse: Kindness

- Rencontrer: To meet (a person)

- Besoin: To need

- Seulement: Only

- Partager: verb To share

- Proche: Close (to oneself or someone)

Comprehension Questions from Le Dragon Au Sommet:

Q1: Where did the dragon live?

    a) In the town

    b) At the summit of the mountain

    c) In a castle

    d) B and C

Q2: Who did the dragon want to marry

    a) The princess

    b) The prince

    c) Nobody

    d) The queen

Q3: Who did the dragon ask for help?

    a) Marie

    b) The boy

c) The princess

d) The townspeople

Q4: What was Marie's job?

a) Baker

b) Gardener

c) Maid

d) Princess

Q5: Who did Marie work for?

a) The royal family

b) Her own family

c) The gardening company

d) Her own business

Q6: Who did the dragon take up the mountain?

a) The boy

b) Nobody but himself

c) Marie

d) The princess

Chapter 6: Les Nouveaux Voisins

This story is about new neighbors that move into the house next door to Julie, and the shocking surprise she receives when she goes to bring them a tray of her famous lasagna.

Les Nouveaux Voisins

Julie habite dans un voisinage pittoresque à Québec au Canada. Elle connait tous ses voisins, et chaque année tous les gens qui habitent là se rencontrent pour les fêtes de noël, les fêtes de Pâque et les fêtes de l'action de grâce. C'est pour ça que Julie a compris si facilement qu'une nouvelle famille s'était installée tout près d'elle. Car elle ne travaillait pas, elle avait été la première personne à comprendre qu'elle a avait une nouvelle famille sur la rue. Elle était contente qu'elle pouvait être la première voisine qui pouvait la rencontrer.

Julie a une tradition. Chaque fois qu'une nouvelle famille déménage au voisinage, elle cuit une lasagne et la présente à la nouvelle famille. C'est un geste qu'elle aime faire pour commencer à partir du bon pied.

Cette fois, Julie a cuit sa célèbre lasagne et elle l'a portée à la maison des voisins. Elle est arrivée à la maison et avant de frapper sur la porte, elle a regardé par la fenêtre pour s'assurer que les voisins étaient chez eux. Elle a attendu encore parce qu'elle vit quelque chose très surprenant.

Les nouveaux voisins défaisaient leurs bagages, mais ils ne touchaient rien ! Ils avaient tous une baguette magique avec laquelle ils faisaient les sortilèges qui bougeaient leurs affaires des boîtes aux étages et dans les tiroirs. Julie était sous le choc ! Elle tournait pour quitter vers sa propre maison, quand la porte s'est ouverte.

"Salut ! Dit quelqu'un.

-Euh, salut. Dit Julie avec hésitation

-Entrée ma chérie !

-Euh, oui, merci."

Julie est entrée dans la maison et une famille de quatre personnes l'ont accueilli avec des grands sourires. Julie a dit bonjour à la famille et ils l'ont invitée pour s'asseoir.

"On sait que vous avez vu ce qu'on faisait. Dit la mère

-J-je ne sais pas à propos de quoi vous parlez

-On sait, Julie.

-Vous savez mon nom ? Julie a été peur

-Oui, Julie. Et maintenant, on n'a pas de choix sauf jeter un sort à toi pour effacer ta mémoire

-Non, s'il vous plaît je ne dirais rien à personne !"

Mais avant qu'elle a fini de parler, le petit fils a jeté un sort à Julie avec sa baguette magique par dire "memo kadabra !"

Le père et la mère ont pris Julie par les bras et l'ont reconduite à l'extérieur par la porte.

La famille a souri et ils ont recommencé à défaire leurs boîtes.

Julie est marchée lentement vers sa propre maison et elle est montée l'escalier, elle a marché à travers le porche et elle est entrée dans la maison. Elle s'est assise sur le sofa. Elle a atteint dans sa poche et elle a pris sa propre baguette magique. Elle l'a bougée et la télévision s'est allumé. Elle a bougé la baguette encore et la télévision a changé quelques fois puis elle a resté sur une chaîne qui jouait un programme à propos des animaux. Elle a bougé la baguette encore une fois et une tasse de limonade a sorti du réfrigérateur et elle a flotté à travers la chambre et dans la main de Julie. Elle a souri et elle a fait un petit gloussement.

"Les sorts des sorcières ne marchent pas sur les autres sorcières"
Dit Julie, et elle sirote sur sa limonade.

Fin

La leçon de cette histoire c'est qu'on peut penser qu'on connaît bien quelqu'un, mais il peut être un bon menteur ou une bonne actrice. On doit continuer à apprendre les choses à propos des personnes avec qui on passe son temps parce qu'ils peuvent être en train de garder des grands secrets. La famille à côté de Julie a pensé qu'elle connaissait Julie et qu'ils devaient jeter un sort sur elle, mais s'ils prenaient le temps pour la connaître, ils pouvaient apprendre qu'elle était aussi une sorcière.

Summary of Les Nouveaux Voisins

Julie lives in a picturesque neighborhood in Quebec, Canada. A new family moves next door and Julie goes to bring them a lasagna.

She walks over to their front door and looks inside the window to see if they are home. When she looks in, she sees that they are all unpacking boxes without touching anything. They are using magic wands to move their objects around. She turns around to leave but they notice her and that she has seen their wands, so they open the door and pull her inside their house.

She promises not to tell anyone what she has seen but they do not believe her. They sit her down on the couch and to make sure she doesn't tell, they put a spell on her to erase her memory.

After the spell is done, they walk her to the door and send her out. She walks to her house slowly and with fear in her eyes.

The witches next door are happy that they have gotten away unnoticed and continue unpacking using their magic.

Julie walks across her porch and into her house. When she gets inside, she sits down on her couch.

Julie reaches into her pocket and pulls out a magic wand. She waves it and the television turns on. She waves it a few more times and changes the channels until she settles on one. She waves it in another way and the fridge opens. A glass of lemonade floats across the kitchen and into Julie's hand on the sofa.

Julie smiles slyly and thinks to herself; witch spells don't work on other witches. She settles in to watch television.

The moral of this story is that we must continue to get to know the people in our lives because we may not know them as well as we think we do. The new neighbors that moved in next door to Julie thought that they read her accurately, but if they had taken the time to learn more about her, they could have found out that she was a witch as well and that their spell would not work on her.

Words and Phrases From Les Nouveaux Voisins

- Nouveaux: New

- Voisins: Neighbors

- Voisinage: Neighborhood

- Pittoresque: Picturesque/Pristine

- Connait = verb Connaître: To know

- Déménage = verb Déménager: To move out of the house

- Cuit = verb Cuir: To cook

- Lasagne: Lasagna

- Emménagé = verb Emménager: to move into (somewhere, something)

- Réputé: Reputable/Prized/Celebrated

- La maison à côté: The house next door

- Frappé = verb Frapper: To knock/to rap on the door

- Fenêtre: Window

- S'assurer: To rest assured/to be sure

- Chez-soi: At home/At their own house

- Surprenant: Surprising/Shocking/Alarming

- Défaisaient = verb Défaire: To unpack/To undo something

- Baguette Magique: Magic wand

- Sortilèges: Spells/Charms

- Bougeaient = verb Bouger: to move

- Boîtes: Boxes

- Étages: Shelves

- Tiroirs: Drawers

- Sous le choc: To be shocked

- La porte: the door

- Salut: Informal greeting/Hi/Hello

- Ma Cherie: My dear

- L'accueilli = verb Accueillir: to welcome someone

- A propos: About

- Pas de choix sauf : no choice except/but...

- Effacer: to erase

- Memoire: Memory

- Rien: Nothing

- Parler: to speak/to talk

- Fils: Son, male child

- Jeter un sort: to cast a spell/to put a spell on someone

- Memo kadabra: A spell

- Père: Father/dad

- Bras: Arms (body part)

- Reconduit: Redirect

- L'extérieur: The outside/Outdoors

- Lentement: Slowly

- Sa propre maison: Her own house

- L'escalier: The staircase/Les escaliers: The stairs

- à travers: Across/by way of

- Assise: Seated/to sit

- Atteint: To grab ahold of

- Poche: Pocket

- A pris = Prendre: To take

- Chaîne: Television channel

- Tasse de limonade: Glass of lemonade

- flotté=Flotter: To float

- Gloussement: Chuckle/giggle/small laugh

- Sorts: Spells

- Sorcière: Witch

- Sirote = Siroter: To sip (on a drink)

Comprehension Questions from Les Nouvelles Voisins:

Q1: What did Julie make to take to her new neighbors?

    a) A lasagna

    b) A cake

    c) A baguette

    d) A baguette magique

Q2: What did Julie see her neighbors doing

    a) Baking a lasagna

    b) Playing ping-pong

    c) Unpacking their boxes using magic wands

    d) Unpacking their boxes and putting things in odd places

Q3: What did she want to do when she saw this?

    a) Go inside to get a closer look

b) Go tell her friend

c) Bring the lasagna the next day

d) Run away

Q4: What kind of spell did the neighbors put on Julie?

a) A memory-erasing spell

b) A Paralysis spell

c) A spell that would make her unable to speak

d) A spell to make her a better cook

Q5: What facial expression was Julie making when she walked towards her house?

a) Conniving

b) Fear

c) Anger

d) Sadness

Q6: What did Julie take out of her pocket when she got home?

a) A piece of lasagna

b) A recording device

c) A pocket knife

d) A magic wand

Chapter 7: Le Monde Au-Dessus

This story is about a group of teenage boys who are looking for something fun to do one night and who end up climbing a construction crane for fun. What they find at the top is something they will not forget soon.

Le Monde Au-Dessus

Un soir, un groupe d'adolescents marchait dans la ville et ils cherchaient quelque chose à faire. Ils ont arrêté à un dépanneur, ils ont mangé les casse-croûtes et ils ont voulu trouver quelque chose à faire pour le reste du soir. Comme tous les adolescents, ils avaient besoin toujours de l'excitation, et ils n'aimaient pas s'arrêter avant d'avoir trouvé des choses dangereuses à faire.

 En marchant, ils ont vu une grue de construction très énorme avec une plate-forme petite au bout.

"Je veux grimper la grue ! Dit un des adolescents.

-Oui ! La vue d'en haut va être très belle ! Dit un des autres."

Ils ont décidé de grimper pour voir la vue du village au sommet, alors ils ont commencé à grimper lentement. Quand ils sont arrivés en haut, ils ont regardé leur petite ville au-dessus et toutes les lumières qui brillaient là-bas. La vue a été stupéfiante !

L'un des garçons a vu une porte très petite au bout de la plate-forme et il a dit qu'il voulait l'explorer. Il a invité les autres pour l'explorer avec lui, car il savait que ses amis aimaient beaucoup les explorations.

Il a ouvert la porte lentement, et dedans il a vu quelque chose très rare et très excitante. Partout il y avait beaucoup de chaussures qui contenaient des pieds géants qui marchaient toutes les directions. Les garçons ont regardé en haut et ils ont vu des géants de toutes sortes ! Ils ont vu des enfants géants, les femmes géantes, les hommes géants et les bébés géants ! Les bébés géants étaient dans des poussettes géants ! Les garçons rigolaient à cause de qu'est-ce qu'ils étaient en train de voir.

Les adolescents ont passé par la porte pour entrer dedans et à l'intérieur ils ont trouvé qu'ils sont arrivés dans une galerie marchande. Cette galerie marchande n'était pas d'un sort régulier. Cette galerie marchande était pour les géants ! Le plafond était des milliers de pieds au-dessus des adolescents, et tout le monde à l'intérieur était de taille très haute ! Les adolescents ont dû éviter les chaussures géantes qui claquaient à côté d'eux. C'était très dangereux, mais les garçons ont aimé un défi. Tous les magasins là-bas vendaient des choses énormes. Les chandails énormes et de la nourriture énorme. Les garçons se demandaient les uns avec les autres qu'est ce qui se passait et comment ils se trouvaient là-bas.

"Cette galerie marchande est pour les géants ! Dit un des garçons

-Qu'est-ce que vous faites ici ? Dit la voix d'une fille

Les Garçons ont tourné pour voir une autre personne de la taille régulière comme eux.

-On ne sait pas où on est ! Qu'est-ce que c'est cette place ?

-Vous devez quitter avant que vous êtes écrasés par l'une de ces chaussures géantes !

-Mais qu'est-ce que vous faites ici ? Demande un des garçons, vous êtes petite comme nous !

-Ceci, c'est le monde des géants, j'habite ici parce que mon père est un géant.

-Mais comment est-ce que tu as survécu si longtemps ? Ces chaussures sont très énormes ! Et ils claquent si bruyamment !

-C'est difficile quelques fois mais je suis habitué.

-wow. Disent les garçons à l'unisson.

-on y vas les gars, explorons-nous !

-Non ! Dit la fille, il y a trop de danger ici pour vous à cause de vos tailles. Ne me faites pas appeler mon père pour vous expulser !

-Je suis désolé, mais on ne quitte pas ! Disent les garçons

-hmm "

Les garçons ont couru ensemble pour explorer la galerie marchande et pour voir assez de ce monde différent qu'ils pouvaient. Les garçons ont dû éviter les chaussures chaque seconde, mais ils rigolaient pendant toute l'expérience. Ils n'ont pas vu la fille encore pendant une heure, alors ils ont pensé qu'elle les avait laissés tranquilles pour avoir de l'amusement là-bas. Les garçons étaient en train d'éviter des goûts d'eau géants qui venaient de la fontaine d'eau quand ils ont entendu la voix de la fille encore une fois. La différence cette fois est qu'elle était sur la main géante d'un homme vieux qui regardait les garçons avec une expression très fâchée. Les garçons ont eu peur. Un géant les regardait ! La fille a commencé à parler aux garçons en disant,

"Ceci, c'est mon père, et j'ai lui dit qu'il avait des garçons très petits qui avaient essayé à explorer ce monde

-on cherchait de quitter, on essayait de trouver la porte avec laquelle on a entré. Dit l'un des garçons.

-Je vais vous montrer la porte."

A dit le père de la fille. Sa voix a été d'un ton très bas et d'un volume très haut. Les garçons ont pensé qu'ils allaient devenir sourdes après avoir entendu cette phrase.

Avec cette menace, les garçons ont eu un peu peur. Même s'ils le voulaient, ils ne restaient pas dans ce monde-là avec la possibilité imminente d'avoir un géant vieux et fâché avec eux.

Le père géant leur a montré la porte et la fille les a poussés vers la porte. Elle a dit qu'ils devaient partir immédiatement et qu'ils auraient été interdits de retourner pendant toute leur vie. Les garçons ont quitté le monde des géants avec hésitation et ils ont retournés à la plate-forme.

"Hé, les gars, on va retourner ici demain soir pour entrer furtivement, et on peut faire plus d'exploration alors. Dit le garçon qui avait voulu explorer la grue du début.

-Oui, on doit esquiver cette fille agaçante ! Dit un autre.

-Oui ! Ils ont tous dit."

Le soir prochain, les garçons ont attendu la nuit, puis ils ont grimpé la grue encore une fois. Quand ils sont arrivés en haut, un des garçons a essayé la porte. Les garçons n'ont pas pu l'ouvrir. Un autre garçon a essayé, mais il n'a pas pu l'ouvrir non plus. Un garçon a commencé à se cogner contre la porte mais la porte ne bouger du tout.

Tout à coup, de la lumière est venue de quelque-part. Les garçons regardaient pour la source. Ils ont vu un garde de sécurité qui grimpait la grue et qui tenait une lampe de poche.

"Vous ne pouvez pas être ici ! Crie le garde de sécurité.

-Mais tu vois, on essaye d'entrer dans la galerie marchande ! Un des garçons crie en réponse.

- La quoi ? Il n'y a pas un galerie marchande ici ! Nous sommes sur le sommet d'une grue

-Mais non, on l'a vue hier

Le garde de sécurité est arrivé en haut et il regarde la porte dont ils parlaient.

-Ceci c'est un placard avec les fournitures de nettoyage. Est-ce que vous avez bu de l'alcool ce soir ?

-Non-monsieur ! Nous l'avons vue !"

Le garde de sécurité a pris des clés de sa poche et il les a insérés dans la serrure. Il a ouvert la porte et dedans n'était rien sauf un balai et un seau. Les garçons ont haleté tous ensemble. La porte qu'ils ont pris la journée avant pour arriver au monde de géants avait été maintenant remplacée par un placard de nettoyage ! Un des garçons a fermé la porte, puis il l'a ouverte encore. Il était toujours un placard de nettoyage. Le garde de sécurité a dit que les garçons devaient descendre la grue, et ils ont engagé avec beaucoup de confusion.

Dans les jours qui ont suivi, les garçons ont grimper la grue encore chaque nuit mais la porte n'a jamais ouvert pour montrer le monde de géants qu'ils ont vu la première nuit. Quand ils ont raconté l'histoire à leurs autres amis et leurs parents, personne n'a pas cru l'histoire. Quelques semaines plus tard, la construction a fini et la grue a été démantelée. La dernière chance que les garçons aient eu à retrouver le monde des géants était maintenant perdu. Pour des années suivantes, les garçons ont continué à parler de cette nuit-là mais les seules personnes qui croyaient à l'histoire étaient eux-mêmes.

Fin

La leçon de cette histoire c'est que même si on est curieux à propos de quelque chose, parfois on n'a pas le droit de le faire ou de l'explorer. Quelquefois, quand on veut voir quelque chose comme un film plus âgé que nous, ou quelque chose qui peut nous faire mal, c'est peu importé ce qu'on veut, parce que des autres doivent décider que ce n'est pas une bonne idée. On doit respecter les opinions de ces personnes.

Summary of Le Monde Au-Dessus

A group of teenagers are running around outside one night, looking for trouble as they are bored and looking for interesting things to do in their town. They see a large construction crane and decide to climb it for a better view of the city

They climb all the way to the top and one of the boys sees a small doorway at the top of the crane. He goes over to it to explore and see what it could lead to. They open the door and see people walking this way and that in what appears to be a shopping mall. They see giant shoes clipping and clopping right beside them and they have to try to avoid being stepped on!

They step inside and realize it isn't a regular shopping mall. Everyone inside is a giant! All the store entrances are giant, the things they sell are giant like the clothes and the food. The friends try not to get stepped on as they walk through the mall in awe. They set out to explore the mall.

They hear a voice say hi and turn to see another regular-sized person. It is a small girl. They ask her where they are and how she knows about it. She says her dad is a giant and explains that she has lived there for her entire life. They ask her how she has survived there that long without getting stepped on or squished.

She tells them that they cannot go and explore, that they must leave because it is too dangerous there. They tell her that they came to explore and that they won't be leaving.

They run through the mall dodging the giant shoes and giant water droplets from the fountain. They are having a great time when they hear the voice of the girl again. This time though, she is standing in the giant hand of an old man who is clearly a giant. She tells them that this is her father and that he is there to make them leave.

The boys become very scared and tell him that they were just about to leave. The giant says that he will show them the door and when he says this it is in such a loud and low booming voice that the boys feel as though they might go deaf.

He points them to the door and the girl shoves them out, saying that they are not allowed to return. The boys oblige since they are afraid to cross a giant and have him angered with them.

The girl sends them back to the crane, telling them it's not safe for them to be there ever again and not to bring anyone else. When they ask why, she looks at them in annoyance and shoos them out the door, closing it behind them.

The boys agree that they will revisit the crane again the next night and that they will prepare this time in order to not be seen by the girl or her father, and that way they will be able to explore as much as they want to. They climb down the crane.

The next night, they come back to the crane and when they go to open the door, it is locked. They try to open it but it will not budge. One of the boys even throws himself into it but it will not open. They see a light flashing on them, and they look down to see a security guard climbing up the crane. He is yelling for them to get down from there.

The security guard reaches the top and says that they must leave immediately. They begin to explain to him that they are looking for the giant world and that the door is locked. The security guard asks if they have been drinking and tells them that the doorway only leads to a cleaning closet.

He takes the keys out of his pocket and opens the door for them and inside there is nothing but a broom and a pail. One of the boys closes the door and opens it again, and it is still nothing but a broom closet. They do not believe their eyes! The doorway does not lead to the giant mall anymore.

The security guard tells them they must leave, and he escorts them down the crane. The boys return to the crane in the next few nights that follow and every time the door is leading to nothing but a cleaning closet. They do not know what happened to the giant world they saw just a few nights prior. Eventually, the construction crane is taken down and the boys have no chance of reaching the giant world again.

To this day, nobody believes the boys when they tell the story of that night. Nobody except the boys that were there that night.

The moral of this story is that sometimes, no matter how curious or interested in something we are, it is not always there for us to explore as we wish. Sometimes there are things that we may want to explore like a movie with a restricted rating or another world where we could get hurt. Sometimes other people must decide for us that something is a bad idea and we have to trust their opinion. Who knows what could have been in that world, just waiting for the boys to come back and maybe what happened with the door was the best thing for them, whether they liked it or not.

Words and Phrases from Le Monde Au-Dessus:

- Monde: World

- Au-Dessus: Above

- Adolescents: Teenagers

- Marchait = verb Marcher: to walk

- Dépanneur: convenience store

- Soir: Night

- Grue: Crane (construction crane)

- Plate-Forme: Platform

- Au bout: At the top
- Grimper: verb to climb

- La vue d'en haut: The view from the top

- Sommet: Summit

- Commencés = verb commencer: To begin

- Lumières: Lights

- Brillait = verb Briller: to glow/to twinkle/to shine

- Stupéfiante: Astonishing

- Dedans: inside of (something)

- Pieds: Feet

- L'intérieur: Inside (as opposed to outdoors)

- Galerie marchande: Shopping mall

- Plafond: Roof

- Taille: Height/size

- Eviter: Avoid

- Chaussures: Shoes

- Claquaient = verb Claquer: Slam/To make a tapping sound

- Eux: Them (plural)

- Magasins:Stores

- Dû: had to (past-tense)

- Chandails: sweaters

- Nourriture: Food

- écrasés = écrasé: Crushed

- Difficile: Difficult/hard

- Habitué: Habituated/used to it

- Explorons-nous: Let's explore/we're going to explore

- Unission: Unison/in unison

- expulsées = verb expulser: Kick out, expel

- Menace: Threat, looming danger

- Imminent: imminent

- Poussent = Pousser: To push

- Vers: Towards

- Furtivement: Sneakily, stealthily

- Esquiver: Avoid

- Agaçante: Annoying, frustrating, maddening

- Prochaine: Next

- Se cogner contre la porte: Slam/throw himself into the door

- Bouger: to move

- Quelque-part: Somewhere

- Garde de Sécurité: Security guard

- Lampe de poche: flashlight

- Hier: Yesterday

- Placard: Closet

- Fournitures de nettoyage: Cleaning supplies

- Bu de l'alcool: Drank any alcohol

- Clés: Keys

- Serrure: Lock (noun)

- Balai: Broom

- Seau: Bucket/pail

- Haleter: To gasp

- Nettoyage: Cleaning

- Engagé: oblige, conform, go along with

- Raconté = verb Raconter: to tell (a story or a series of events)

- Cru = verb croire: To believe

- Demantelée = verb Demanteler: Taken down, dismantled

- Dernier: Last, final

Comprehension Questions from Le Monde Au-Dessus:

Q1: What did the boys decide to climb to the top of?

a) A mountain

b) A hill

c) A roof

d) A construction crane

Q2: What was the reason they wanted to climb up?

a) The view

b) They were bored

c) The excitement

d) All of the above

Q3: What did they find at the top?

a) A door

b) A key

c) A person

d) A sunset

Q4: Where did they end up going unexpectedly?

a) Into a closet

b) Into the ocean

c) Into another world

d) Into bed

Q5: What was in the place they went

a) A broom

b) A mall for giants

c) A and B

d) None of the above

Q6: What happened when they went back the next day?

    a) They went back into the other world again

    b) They went up the crane and found nothing

    c) They found a girl at the top

    d) They didn't' go up the crane again

Chapter 8: La Souris et Le Lapin

This story is about two detectives and the different ways that they conduct themselves while working. Who will solve the case first and come out with the prize?

La Souris et Le Lapin

Il était une fois, un oiseau qui habitait au bout d'un arbre très gros et très beau. Cet oiseau a remarqué une journée que sa perle avait été perdu ! Sa perle était sa possession la plus précieuse. En voulant trouver la perle, et car il était l'oiseau le plus riche dans toute la forêt, il a demandé l'aide des détectives les plus célèbres dans tout le monde. Il les a appelés pour trouver sa perle précieuse. Les détectives ont venu très vite à l'oiseau. La première détective était la souris qui s'appelait Geneviève. L'autre était le lapin qui s'appelait Jacques. Geneviève et Jacques sont arrivés pour voir s'ils pouvaient trouver la perle précieuse.

Ils ont tous les deux commencé à chercher la perle au même temps, et car l'oiseau était si riche, il a initié un concours pour voir qui pouvait trouver la perle en premier. Il a lancé un grand concours avec beaucoup de spectateurs et un grand prix pour le gagnant.

Geneviève, la détective était intelligente et elle utilisait son cerveau pour suivre les indices. Elle suivait les indices avec de l'assiduité et dans une façon de méthode. Les indices ont mené Geneviève au monde de tunnels souterrains. Elle avait été là dans le passé et elle savait que les tunnels étaient très difficiles à naviguer tous seuls. Geneviève était très timide, alors elle s'était habituée à travailler toute seule avec l'aide de personne. Quand elle est entrée dans le monde des tunnels souterrains, et elle a vu Madame la Taupe qui marchait dans les tunnels. Geneviève a été très silencieuse, elle n'a pas parlé à Madame la Taupe du tout. Geneviève a continué à chercher la perle en silence et toute seule parce que ça c'était la méthode qu'elle préférait. Elle cherchait pendant si longtemps et elle a essayé à ne pas devenir perdu là-bas.

Jacques était un détective qualifié aussi, mais avec moins d'intelligence que Geneviève. Il cherchait la perle avec ses propres méthodes qui lui amenait aussi au monde des tunnels souterrains, mais ça prenait plus de temps pour lui de suivre les indices et arriver là. Jacques n'était pas timide du tout, et quand il a vu Madame la Taupe, il lui a demandé immédiatement s'elle savait ou est-ce que c'était la perle. Madame la Taupe a été très excitée que Jacques lui a demandé de la perle, car cette perle avait été un obstacle ennuyant pour Madame la Taupe et ses efforts de creuser des tunnels pendant les mois passés.

Jacques a pris la perle et l'a portée chez l'oiseau devant tous les spectateurs. Tout le monde hurlait pour lui et toutes les filles ont tombé très amoureuses de lui. L'oiseau a été très excité d'avoir retrouvé sa perle e et il a présenté Jacques avec sa récompense. Jacques a accepté sa récompense avec fierté. Il est devenu le détective le plus célèbre dans le monde après cette événement et l'oiseau lui-aussi est devenu célèbre et il a parlé de Jacques pendant des années après.

Geneviève qui a regardé tout le dialogue entre Jacques et Madame la Taupe est devenue triste car elle savait qu'elle avait suivi les indices au monde des tunnels souterrains en première ! Elle savait qu'elle pouvait être nommée la détective la plus célèbre au monde si elle venait juste de parler à Madame la Taupe. Elle savait qu'elle était très intelligente, mais elle est devenue triste parce qu'elle a compris qu'on ne gagne pas le succès avec l'intelligence seulement. Après cette journée, Geneviève a appris que la timidité avait effacé tout le travail qu'elle avait fait avec son intelligence. Elle a appris que la timidité a été une caractéristique qui ne l'a pas aidée du tout, et c'était une caractéristique qui l'a empêché de réussir comme détective. Après ce jour-là, elle a décidé que la timidité n'aurait pas pu lui causer de perdre jamais un concours.

Fin

La leçon de cette histoire c'est que même si on est très intelligent et très savant, si on n'a pas des compétences sociales et si on ne peut pas parler aux gens, personne ne va pas voir tous nos talents. Même si l'on est la plus intelligente personne au monde, on doit être capable de nous présenter pour que les gens le savent aussi. On doit avoir d'autres habiletés en addition de l'intelligence pour recevoir la reconnaissance qu'on mérite.

Summary of La Souris et Le Lapin

There was a bird who noticed one day that she lost her most prized possession, her pearl. She began to panic because she could not find it and she decided to call the best detectives in the forest. The mouse named Genevieve and the rabbit named Jacques.

The bird was having a competition to see which of them could find the pearl for her the fastest, with a prize for the winner. Genevieve and Jacques came quickly and got all the clues they needed to solve the case. They both went off to try to solve it.

Genevieve's style was that of an intelligent detective, as she was very smart. She followed all of the clues logically and they ended up leading her to the world of underground tunnels quite quickly. When she got there, she noticed that Mr. Mole was walking around the tunnels. As she was very shy, she didn't ask him any questions and continued on in her search for the pearl. She searched and searched through the confusing maze of underground tunnels.

Jacques had a different style of detection. He was less intelligent than Genevieve, so it took him longer to follow the clues but eventually they lead him to the world of underground tunnels. When he got there, he saw Mr. Mole and asked him for any information he had about the missing pearl. Mr. mole was happy to be asked about the pearl because, as it turned out, the pearl had been annoying him all week because it was getting in the way of his hole digging. He took Jacques straight to the pearl and was happy to see it go.

Genevieve saw this entire exchange and watched as Jacques took his prize with pride. Genevieve decided that she would never let her shyness and timid personality get in the way of her intelligence!

The moral of this story is that no matter how intelligent or how smart we are, if we cannot speak up and showcase ourselves and our skills, nobody will notice them. As unfortunate as it may be, the silent and more intelligent people go much more unnoticed than the less intelligent but outgoing and social people. We must advocate for ourselves and come out of our shell to be seen and appreciated for our inner skills.

Words and Phrases From La Souris et Le Lapin:

- La souris: the mouse

- Oiseau: Bird

- Remarquée: She noticed

- Perle: Pearl

- Perdu: lost

- Trouvée = verb Trouver: To find

- Célèbres: Celebrated, well-known

- Lapin: Rabbit

- Précieux: Precious

- Cerveaux: Brain

- Indices: Clues

- Tunnels souterrains: Underground tunnels

- Naviguer: verb To navigate

- Timide: Shy

- Madame la Taupe: Mr. Mole

- Silencieuse: She is quiet, silent

- Qualifié: Qualified

- Ses propres méthodes: His own methods/ways

- Suivre: To follow

- Mois: Months

- Ennuyant: Annoying, inconvenient

- Creuser: to dig, to burrow

- Avec de la fierté: Proudly

- Appris = verb Apprendre: to learn

- Effacer: To erase/Erased

- Aidée = verb Aider: To help

- Causer: to cause

- Concours: A race, A competition

- Jamais: Never/ever again/ever

- Compétences Sociales: Social skills

- Capable: Capable

- Nous presenter: present yourself, showcase yourself

- Habiletés: Abilities, skills

- Le reconnaissance qu'on mérite: The recognition that we earned, the recognition that we deserve

Comprehension Questions from La Souris et Le Lapin:

Q1: Who called the detectives to help them?

    a) The bird

    b) The fox

    c) The rabbit

    d) The mouse

Q2: What did they lose that they needed help finding?

    a) A coin

    b) A scarf

    c) An earring

    d) A pearl

Q3: What did the mouse use to help her in solving the case?

    a) Her eyes

b) Her nose

c) Her brain

d) Her feet

Q4: What was the mouse's downfall in the end when it came to solving the case?

a) Her intelligence

b) Her Attitude

c) Her Shyness

d) Her Speed

Q5: What did the rabbit not have that the mouse did?

a) Intelligence

b) Speed

c) Outgoing personality

d) Small size

Q6: What allowed the rabbit to solve the case in the end?

a) His speed

b) His talent

c) His Karma

d) His willingness to talk to anyone

Chapter 9: La Fontaine De Jeunesse

This story is about the secret to a youthful facial transformation that one friend shares with another, and the skepticism that the friend has about going to such lengths for beauty.

La Fontaine De Jeunesse

Georgette n'a pas vu son amie Claire depuis quelques mois et aujourd'hui elles vont se réunir. Quand Georgette voit Claire, elle semble très différente qu'avant. Claire a le visage qu'elle a eu à l'âge de vingt ans, mais elle est maintenant à cinquante ans ! Georgette devient très confuse et elle demande à Claire pour son secret. Clair dit à Georgette qu'elle peut lui montrer son secret, alors les femmes marchent ensemble. Claire apporte Georgette par quelques rues petites et autour de quelques immeubles. Elles arrêtent dans un terrain de stationnement avec peu d'autos et devant une fontaine très sale qui sent de moisissure.

"Mis ta tête dans l'eau. Dit Claire à Georgette

-Quoi ? Non c'est très sale ! Dit Georgette

L'eau est de la couleur brune et il y a plusieurs oiseaux qui prennent un bain et font caca dedans.

Ceci c'est mon secret. Dit Claire"

Georgette pense que Claire joue un truc et elle ne veut pas tomber dans les blagues.

Elles marchent encore vers la rue principale pour prendre le déjeuner ensemble. Georgette ne peut pas arrêter d'examiner le visage de Claire parce que c'est très beau et sans rides.

Georgette pense de la fontaine salée pendant les jours qui suivent. Elle ne veut pas tomber pour ce truc, mais Claire est vraiment belle et peut être que la fontaine est le vrai secret, pense Georgette.

Le jour prochain, Georgette marche dans la rue et elle passe par la ruelle qu'elle a prise avec Claire ce jour-là quand elle a vu la fontaine. Elle décide de marcher par la ruelle pour voir la fontaine encore une fois.

Quand elle arrive, elle examine les oiseaux. Elle voit que les plumes des oiseaux sont très propres et très vifs. L'eau est toujours brune et plein de saleté, mais les oiseaux semblent en bonne santé. Georgette décide d'essayer pour voir si c'est vraiment le secret de beauté. Elle met ses cheveux en une queue de cheval et elle enlève ses lunettes. Elle retient son souffle et elle met sa tête dans l'eau. Quinze secondes plus tard, elle enlève sa tête. Elle remarque qu'elle ne sent pas différente du tout. Elle remet ses lunettes et elle marche vers la rue principale. Ses vêtements sont sales et ses cheveux sont mouillés. Elle se sent imbécile parce qu'elle a tombé dans les blagues de Claire et elle est maintenant sale et mouillée et elle devient triste.

En marchant sur le trottoir, elle remarque que tout le monde la regarde. Elle pense que c'est à cause de son état présent. Elle voit son reflet dans la fenêtre d'un magasin et elle voit que son visage a été renversée au visage qu'elle avait quand elle avait vingt ans ! Le secret est vrai ! Elle pense avec de l'excitèrent. Elle commence à marcher avec de la vigueur, même si elle est couverte par la saleté. Elle rigole à elle-même et elle continue vers chez-elle.

Fin

La leçon de cette histoire c'est que les gens font des choses très extrêmes pour sembler plus jeunes, ou pour essayer de devenir plus belle. Quelquefois, ces choses qu'ils font sont très dangereuses. On doit être prudent avec nos choix, spécialement si ces choix peuvent nous faire mal, ou faire mal à notre visage. On a qu'un seul corps pour notre vie et on doit le respecter. L'eau que Georgette a mis sa tête dedans a été salée et plein de caca, et ça pouvait la rendre malade. Mais elle a décidé d'attacher plus de valeur à être belle qu'à être en bonne santé.

Summary of La Fontaine De Jeunesse

Georgette meets a friend named Claire who she has not seen for a while and notices that she looks like she is 20 again, not 50 like her current age. Georgette asks Claire what her secret is and if she can have some too. Claire whispers to Georgette to follow her.

Claire takes her down a few small streets and alleys and eventually they come into a parking lot that has a small dirty and rusted fountain in one corner of it. The fountain is full of pigeons splashing around and smells like mold and mildew.

Claire tells georgette to stick her face in the water. Georgette says no, as the water is brown, dirty, and full of bird poop. Claire tells Georgette that this is her beauty secret.

Georgette thinks she is having a prank played on her so she says no that she won't stick her face in the water. They leave the parking lot and go have lunch.

Georgette thinks about the fountain and how great Claire looked for the next few days. She cannot get it out of her mind. She would love to look like she is 20 again. She couldn't believe how Claire's face had no wrinkles anymore!

She is walking in the street the next day and she walks by the alley where Claire took her to get to the parking lot. She examines the alley and decides to go check out the fountain.

When she gets there, she looks at the birds and notices that their feathers do look quite healthy and bright. They are in the dirty water splashing around, but they look like they are in great shape and health.

She decides to do it.

She puts her hair in a ponytail, takes off her glasses, holds her breath and sticks her head in the murky swamp water of the fountain. It smells like mud, mold, and poop.

Fifteen seconds later, she pulls her head out of the water. She stands up and notices that she feels no different at all. She turns and walks across the parking lot and back down the alley to head towards home.

As she is walking down the main street in town, she notices that everyone she passes is staring at her. She thinks it must be because she is wearing a shirt covered in brown water and she must smell like mold.

She catches sight of her reflection in a store window and stops to take a look. She notices that she doesn't recognize her reflection at all! She looks like she is 20 again! Not 50! Everyone was looking at her because she looked so beautiful!

She chuckles to herself and goes home to change out of her now brown water-stained dress, and to wash the bird poop from her hair.

The moral of this story is that we must be aware of our choices and the possible consequences they may have. The lengths that some people go to for beauty and anti-aging techniques could be quite dangerous. Georgette decided that she valued beauty techniques and the chance of looking younger over her health, as she could have become very sick from the water she stuck her head in. The fact that she was willing to try this technique is a testament to the lengths that some women go to for beauty.

Words and Phrases from La Fontaine De Jeunesse :

- Fontaine: Fountain

- Jeunesse: Youth

- Mois: Months

- Réunir: To Reunite

- Visage: Face (body part)

- Vingt: Twenty

- Cinquante: Fifty

- Montrer: to show

- Ensembles: together

- Immeubles: Buildings

- arrêtent = verb arrêter: to stop

- Terrain de stationnement: Parking lot

- Autos: cars

- Sale/salée: Dirty

- Sent: Smell/verb Sentir: To smell

- Moisissure: Mold, mildew, must

- tête: head (body part)

- L'eau: the water

- Brune: Brown

- Bain: Bath, to bathe

- Caca: poop

- Joue un truc: to play a trick

- Blague: Joke

- Rue Principale: Main road

- Dejeuner: Lunch

- Rides: Wrinkles

- Vraiment: Truly, really, Actually

- Ruelle: Alleyway

- Encore: Again

- Plumes: Feathers

- Vif: Lively

- Plein de: Full of

- En bonne santé: In good health

- Cheveux: Hair

- Queue de cheval: Ponytail

- Enlève: Take off, remove

- Lunettes: Glasses

- Retient son souffle = Retenir (verb) son souffle: Hold his/her breath

- Quinze: Fifteen

- Vêtements: Clothes

- Mouillé: Wet, damp, moist

- Gêné: Embarrassed

- Trottoir: Sidewalk

- Regarde = verb Regarder: To Look (at something or someone)

- Etat present: Current state (of looking, being, etcetera)

- Renversée: Reversed

- Vigueur: Vigor, Energy

- Rigole = verb Rigoler: To laugh

- Sembler plus jeune: Look younger

- Devenir plus belle: Become prettier, become more beautiful

- Dangereuse: Dangerous

- Attacher plus de valeur: Deem more valuable, deem more important

Comprehension Questions from La Fontaine De Jeunesse

Q1: What did Georgette notice that was different about Claire?

a) She looked twenty years older

b) She looked twenty pounds skinnier

c) She looked twenty years younger

d) She looked twenty pounds heavier

Q2: Where did Claire take Georgette to show her the secret

a) A parking lot

b) A school

c) A restaurant

d) A park

Q3: What did Claire say Georgette should do with the fountain

   a) Drink from it

   b) Bathe in it

   c) Put her hands in it

   d) Stick her head in it

Q4: What did Georgette think Claire was doing to her?

   a) Playing a trick on her

   b) Being mean to her

   c) Secretly recording her

   d) Making fun of her

Q5: What did Georgette do to prepare for her fountain dunk?

   a) Put her hair in a ponytail

   b) Take off her glasses

   c) Put on a bathing suit

   d) A and B

Q6: What made Georgette notice that the fountain worked?

a) She smelled better

b) She took a picture

c) She felt different

d) Everyone was looking at her

Chapter 10: Arabesque La Fée

This story is about a small fairy who is next in line to become queen, but who was born differently than all the other fairies. It is about how true friends can make anything happen.

Arabesque, La Fée

Il était une fois, une fée qui s'appelait Arabesque. Arabesque était une fée très petite, plus petite que toutes les autres fées. Personne ne savait pas pourquoi elle était si petite, parce que sa mère était la reine des fées, et elle avait des ailes très grandes et très belles. Car Arabesque était très petite, ses ailes étaient très petites aussi. La magique des fées vient de leurs ailes, alors Arabesque n'avait pas beaucoup de pouvoirs magiques, beaucoup moins que sa mère. Elle avait besoin de l'aide pour faire beaucoup de choses car ses pouvoirs n'aient pas été si forts. Les créatures qui vivaient à côté de la rivière ont aidé Arabesque beaucoup pour toute sa vie et elles étaient ses meilleures amies.

Quand elle est devenue assez âgée pour devenir la reine, beaucoup de gens dans le village des fées a douté qu'Arabesque pouvait être une reine assez bien. Les gens du village ont décidé qu'Arabesque aurait dû compléter un test pour prouver qu'elle serait une reine assez forte et assez bien. Arabesque est devenue triste, car elle ne savait pas si elle pouvait compléter le teste avec ses pouvoirs faibles. Arabesque s'assoit à côté de la rivière en pensant à quoi elle pouvait faire pour donner une surprise à toute la ville pour qu'ils ne pouvaient pas lui douter non plus. Tout le monde en ville parlait du teste qu'Arabesque devait faire. Pendant qu'elle était assise à côté de la rivière, beaucoup de créatures de la forêt venaient pour demander à Arabesque comment ils pouvaient l'aider avec son teste.

"Merci beaucoup. A dit Arabesque. Mais je ne sais pas si vous pouvez m'aider.

-Nous pouvons vous aider Arabesque. A dit le renard.

-Oui, dites-nous qu'est-ce que vous allez faire pour faire surprise aux gens de la ville ? A demandé l'écureuil.

-Si je pouvais, je voudrais prendre le premier rayon de soleil de la journée avant qu'il touche la terre, puis le mettre dans un goût d'eau pour qu'il pouvait être utilisé comme une lampe par notre village. Mais, je n'ai pas des ailes assez-gros pour le faire. Dit Arabesque avec un ton de tristesse.

-J'ai une idée ! Crie la grenouille. On peut vous aider à faire un arc en ciel assez beau que tout le monde peut le voir, la nuit et la journée.

-C'est une idée magnifique. Dit Arabesque. Mais je ne sais pas comment faire cela."

Quand ils parlaient, une vague de magique est venue et tous les animaux et Arabesque l'ont entendu. La tortue a sauté dans l'air et un sillage vert l'a suivi dans le ciel. Des secondes plus tard, Arabesque et toutes ses amies volaient dans l'air et chacun avait un sillage d'une couleur différente. Elles ont créé un arc en ciel magnifique avec toutes les couleurs ! Pendant qu'ils volaient, ils prenaient les gouttes d'eau qui étaient en ciel et remplissaient chacun avec un rayon de soleil pour faire beaucoup de lampes pour tous les gens de la ville. Pour toute la journée, le ciel a été rempli par un arc en ciel très beau et des petites lampes formées des goûts d'eau et des rayons de soleil. C'était un spectacle comme rien d'autre et les gens du village ont annoncé qu'Arabesque avait été nommée la reine du village des fées !

Arabesque a été la première fée qui n'a pas eu sa magique dans ses ailes, mais dans toutes ses meilleures amies.

Fin

La leçon de cette histoire c'est que tout le monde a quelque chose qui le rend spéciale. Tout le monde a quelque chose qui est différent que la plupart des gens, mais différent ce n'est pas toujours une chose négative. Quelques fois, on nous compare avec les autres gens et on sent moins cool ou moins intelligent ou moins beau à cause de ça. Mais chacun de nous a quelque chose qui est différent et c'est ça qui est spécial.

L'autre leçon de cette histoire c'est que les amis sont très précieux, et avec eux on peut faire n'importe quoi. Les amies d'Arabesque ont été très spéciales et elles ont voulu l'aider à n'importe quel coût.

Nous sommes plus forts en groupe et tout le monde peut mettre son propre talent ensemble pour être très fort en total.

Summary of Arabesque La Fee

Arabesque was a fairy who was very small. Because she was very small, she didn't have many magical powers and the ones she did were very weak. This is because the magical powers of fairies are contained in their wings but her wings were very small and this was surprising to everyone, as her mother was the queen of the fairies. Arabesque needed help day by day, but her best friends, the animals of the forest, always helped her.

When she became old enough to become queen of the fairies, everyone in town doubted her ability to be a good queen because of her small wings and her lack of magic. Because of this, the town decided that she would have to complete a test to prove that she would be a good queen enough.

Arabesque was sad and worried about this test. She went to sit at the edge of the river to think about what she would do to surprise the village and prove herself. While there, her friends came to ask her if they could help her with her surprise. "Thanks, but I don't think you'll be able to help me," replied Arabesque. "Tell us what you are going to do as your surprise asked the squirrel. "I would love to capture a ray of sunlight before it touches the ground and put it in a water droplet so that it can be used as a lamp for our village. But I don't have enough magic to do that" Said Arabesque. "How about we help you to make a big rainbow for everyone to see at night and during the day?" Asked the frog. "That would be great, but I don't know how." Replied Arabesque.

As they sat and conversed, a wave of magic came over them all, and they could all feel it. The turtle jumped into the air and a trail of green light followed behind him. All of the other animals followed, and each had a different color following behind them. This created a beautiful rainbow in the sky. Arabesque and all her friends flew through the sky and grabbed onto droplets of water and rays of sunlight and put them together to make beautiful lanterns. This could be seen all day and all night by the whole village.

The event was so beautiful and amazing that the village announced that Arabesque would be the next queen of the fairies.

Arabesque was found to be the first fairy whose magic wasn't within her wings, it was within all her best friends.

The moral of this story is that we all have something different within us that makes us special. It can be easy to compare ourselves to others and begin to feel sad about what they have and we don't . But the reality is that we are all different and the things that we each have made us special individuals.

The second moral of this story is that friends are extremely important and precious. We must keep our friends close and appreciate them, for they are willing to help us at any cost. People like this are very necessary for life and they help us to do things we may not be able to do on our own. We are stronger in a group and we can all come together with our own unique talents to create beautiful things.

Words and Phrases from Arabesque La Fée:

- Fée: Fairy

- Petite: Small

- Reine des fees: Queen of the fairies

- Ailes: Wings

- Magique: Magic

- Pouvoirs magiques: Magic powers

- Besoin de l'aide: Needed help

- Creatures: Creatures

- Meilleures Amies: Best friends

- Assez Âgée: Old enough

- Gens: People

- doutes = verb Douter: To doubt

- Assez bien: Good enough

- Teste: test, challenge

- Faibles: weak

- En pensant: While thinking/verb Penser: To think

- A du faire = verb devoir: to have to/Had to do

- Demander: verb to ask
- Aider: verb to help

- Merci beaucoup: Thank you very much

- Renard: Fox

- Voudrais = verb Vouloir: To want (to do something)

- Premier: First

- Rayon de soleil: Ray of the sun

- Touche = verb Toucher: To touch

- La terre: the earth

- Mettre: verb To put

- Goute d'eau: Drop of water

- Utilise = verb Utiliser: To use

- Un ton de tristesse: A tone of (voice) sadness

- Grenouille: Frog

- Ciel: The sky

- Magnifique: Magnificent, wonderful, amazing

- Cela: That (thing)

- Vague: Wave

- Animaux: Animals

- Tortue: Turtle

- Sauté = verb Sauter: To jump

- Dans l'air: into the air

- Un sillage: A trail (of light)

- Vert: Green

- Suivi = verb Suivre: To follow

- Plus tard: Later (in time)

- Chacun: each

- créé = verb créer: To create

- Arc en ciel: A Rainbow

- Remplis = verb Remplir: to fill

- annoncés = verb Annoncer: To announce

- Nommée: Named (past tense)/verb Nomer: to name

Comprehension Questions from Arabesque La Fée:

Q1: Why did Arabesque have less magic than most other fairies?

a) She had small wings

b) She had no wings

c) She had no magic wand

d) None of the above

Q2: What did Arabesque have to complete to prove herself a worthy queen of fairies?

a) A dance

b) A course

c) A test

d) A marriage

Q3: Where did Arabesque go to think about her future?

a) Into a tree

b) To a field of sunflowers

c) Into her bedroom

d) To the edge of the river

Q4: Who helped arabesque with her surprise?

    a) The fox

    b) The Squirrel

    c) The Frog

    d) The Turtle

    e) All of the above

Q5: What did Arabesque create for her surprise for the village?

    a) A Dance

    b) A Song

    c) A rainbow

    d) All of the above

Q6: Where was Arabesque's magic hidden all along?

    a) In her wings

    b) In her best friends

    c) In her mother

    d) In her backpack

Chapter 11: L'Arbre

This story is about a little boy whose family has always been too poor to afford toys and treats for him and the reward he can find if he could only figure out the magic words.

L'Arbre

Il y a une vingtaine d'années, un garçon qui était très pauvre. Sa famille n'avait pas assez d'argent pour lui acheter des jouets ou des choses pour lui permettre de s'amuser. Pendant la plupart de sa vie, il a dû s'amuser tout seul. Il avait une sœur, mais elle aimait jouer à la rivière et le garçon n'aimait pas devenir mouillé alors il ne voulait jamais la joindre. C'est pour ça qu'il passait la plupart de son temps au parc qui était proche de son appartement. Il jouait des jeux imaginaires dans le gazon où il grimpait aux arbres pour voir tout ce qui se passait au-dessus.

Un jour au milieu de l'été, quand il marchait dans le parc comme d'habitude, il vit un arbre très grand qu'il n'avait pas reconnu comme un arbre déjà vu. Il savait qu'il aurait rappelé cet arbre car il avait essayé à grimper tous les arbres très grands. Il ne savait pas aussi parce que sur le devant de l'arbre il y avait un signe de papier sur qui était écrit *Je suis un arbre magique. Si vous dites le sort, vous allez voir la magie.*

Le garçon est devenu très excité, parce qu'il avait passé chaque jour au parc et il n'avait jamais vu un arbre comme ça. Cet arbre était beaucoup plus grand que tous les autres arbres en ville et il n'avait jamais vu un arbre magique. Il aimait beaucoup les arbres et un arbre magique était un rêve pour lui.

Il pensait à tous les trucs magiques dont il avait déjà entendu parler. Car il n'avait pas une télévision pour regarder les programmes avec des sorcières, il ne savait pas beaucoup de sorts magiques. Il a essayé à rappeler ce que ses amis disaient quand ils jouaient les jeux avec les sorcières ou les magiciens. Qu'est qu'ils disent quand ils jettent les sorts ? Pensait le garçon.

Le garçon a essayé tous les sorts qu'il a pu penser. Il a dit *abracadabra, sésame, ouvre-toi* et toutes les autres choses qu'il avait entendues dans sa vie, mais rien ne se marchait. Il a essayé pendant toute la journée ! Il est devenu très fatigué. Il s'assoit sur le gazon sous l'arbre et il crie,

"S'il te plait ! Cher arbre !"

Tout à coup, une porte géante s'est ouverte dans le tronc de l'arbre. Le garçon était très confus, mais heureux que l'arbre s'était ouvert finalement. Le garçon est entré dans le tronc de l'arbre et tout était noir dedans. La porte d'où il était passé pour entrer dans le tronc de l'arbre était fermée maintenant et le garçon commençait à avoir peur dans le noir. Il cherchait une façon de quitter, mais il ne pouvait pas rien voir.

Il ne pouvait rien voir mais en cherchant, il vient de voir finalement un signe sur le papier blanc qui disait *continuer avec ta magie.*

Le garçon a lu le signe et il s'est demandé quoi faire maintenant. Il a essayé encore ses mots magiques comme *abracadabra,* et *sésame, ouvre-toi* et toutes les autres qu'il pouvait rappeler dans ce moment de peur. Car il ne savait pas comment ouvrir la porte la dernière fois, il ne savait pas exactement quoi dire et maintenant il ne savait pas quoi d'autre il pouvait faire. Il s'assit sur le plancher et il pensait. Il ne savait pas quoi faire, mais la seule chose qu'il savait c'était qu'il était très content parce que l'arbre s'était ouvert la première fois alors il a dit,

"Merci ! Cher arbre ! Merci d'ouvrir ta porte pour moi comme la première fois"

Tout à coup, l'intérieur du tronc s'est illuminé et le garçon a pu voir de nouveau ! Il a souri. Il   regarda partout pour voir où il était et il vit un chemin rouge qui brillait devant lui. Le garçon était surpris et très excité.

Le garçon a suivi le chemin et à la fin du chemin il y avait un tas énorme formé de tous sorts de chocolats et de jouets !

Car le garçon n'avait jamais eu ses propres jouets dans toute sa vie et il n'avait pas eu assez d'argent pour les chocolats, il était très excité par cette récompense.

Au bout du tronc, en haut de tous les chocolats et les jouets il y avait un dernier signe qui disait *s'il vous plaît et merci sont les mots magiques.*

Le garçon était très heureux d'avoir trouvé les mots magiques.

Les jours qui ont suivi, il a porté tous ses amis et sa sœur à l'arbre et il les a instruits comment ouvrir l'arbre en disant les mots *s'il vous plaît* et *merci*. Il voulait que tous les enfants puissent jouer avec des jouets et manger du chocolat alors il a partagé tout avec eux. Ils ont fait une grosse fête pleine de chocolats et de jouets dans l'arbre.

Rappelle-toi, les mots magiques sont toujours *s'il vous plaît* et *merci*.

Fin

La leçon dans cette histoire, c'est que les mots magiques dans n'importe quelle situation sont *s'il vous plaît* et *merci*. Comme en anglais, il y a des mots magiques en français aussi.

L'autre leçon c'est que partager avec les amis est toujours plus amusant que garder tout pour soi. Même si le garçon n'avait pas beaucoup de choses, il a voulu partager avec ses amis et sa sœur pour qu'ils pouvaient s'amuser aussi.

La dernière leçon c'est la persévérance. Le garçon a eu peur quand il n'y avait pas de lumière et il a été très fatigué après essayer tous les mots magiques qu'il savait, mais il a persévéré pendant longtemps et les récompenses en valaient le coup définitivement!

Summary of Labra:

Twenties of years ago, there was a boy who was extremely poor. His family didn't have enough money for toys or candy or anything like that. He didn't have much to do at home, so he spent most of his days in the park near his house.

One day while he was walking in the park, he saw a huge tree with a sign on the front of it that read: *say the magic words and you will see the magic.*

As he spent most of his time in the park, he would have noticed this tree before if it had been here, he thought. He decided to try to find out what the magic words were.

The boy tried all the magic words he could think of like *abracadabra* and *Open Sesame* and all others he could think of. He had been trying all day and nothing worked yet. By this point, he had become very tired.

He sat on the ground at the base of the tree and yelled, exasperated "Please! Dear tree!"

Suddenly a giant door opened in the trunk of the tree. The boy entered the tree trunk and it was completely dark inside except for another sign that read: *Continue with your magic.* The boy wasn't sure which magic word had worked in the end, so he tried them all again. Nothing worked, but he was feeling quite thankful that the tree had opened its trunk in the first place, so he said "Thank you! Dear tree."

Suddenly, the inside of the trunk illuminated, and a red pathway was shining before him. The boy was extremely excited!

The boy followed the pathway and at the end of it was a huge pile of chocolate and toys. At the very end of the trunk, there was one final sign that read *Please and Thank you are the magic words.*

The boy was so excited that he had figured out the magic words. He had never had toys or chocolate, so he was over the moon! He went back to the tree the next day but this time he brought his friends and his sister with him. He taught them tall what the magic words were, and showed them that saying them in the right order opened the tree trunk. He and his friends had a big party in the tree trunk and everyone had so much fun.

Remember, the magic words are always *please* and *thank you*!

The moral of this story is that the magic words in any situation are always please and thank you. These can be said anytime, anywhere and you will get positive reactions. These reactions may not be toys and chocolate but they will be people's happiness and kindness.

The second moral of this story is that everything is better when shared with friends and family. The boy didn't have much, but he still wanted to share the gifts he received with his friends and his sister. He wanted to share the reward because he wanted everyone else to be able to enjoy it too, and he thought it would be more fun to share this reward with them. Generosity with friends makes the experience that much better.

Words and Phrases from Labra:

- Arber: Tree

- In grains: Twenties of years ago (similar to tens)

- Le park: The park

- Signe: Sign

- Daisies = verb Dire: To say

- Si vows diets le sort, vous allez voir la magique: If you say the spell/(magic words), you will see the magic

- essayé = verb Essayer: to try

- Sorts: Spells, magic words, charms

- pensé=verb Penser: To think

- *sésame, ouvre-toi*: Open Sesame

- Entendu = verb Entendre: To hear

- Vie: Life

- Longtemps: A long time

- Devenu = verb Devenir: to become

- Fatigué: Tired

- Gazon: Grass

- Sous: Under

- Cri = verb Crier: To yell

- S'il te plait: Please

- Cher: dear, my dear

- Tout à coup: All of a sudden

- Porte géante: Giant door

- Tronc: Trunk (tree)

- Noir: Black

- Disait = verb Dire: To say

- Continuer avec ta magique: Continue with your magic

- Merci: Thank you

- Illuminée: Illuminate

- Chemin: Pathway, walkway

- Rouge: red

- Brillait = verb Briller: To glow, to twinkle, to light up

- Suivi = verb Suivre: To follow

- La fin: The end

- Tas: Pile, mound

- Jouets: Toys

- Heureux: Happy

- Trouvé = verb Trouver: to find

- Mots: Words

- porter = verb porter: to bring

- Amis: Friends

- Instruire: To instruct, to teach

- Fête: Party, celebration

- Rappelles-toi: Remember (you should remember)

Comprehension Questions from L'Arbre:

Q1: What did the sign on the tree say?

    a) Tell me a secret

    b) Open sesame

    c) Say the magic words

    d) Open me

Q2: What words did the boy try to say

    a) Abracadabra

    b) Open sesame

    c) Open up now!

    d) A and B

    e) B and C

Q3: What word finally worked to open the tree trunk?

    a) Please

    b) Alakazam

    c) Hello

d) Open

Q4: What did the sign inside the trunk read?

a) Try again

b) Continue with your magic

c) You're still not there

d) Open sesame

Q5: What did the boy say once inside the trunk to brighten up the place and lead him to the reward?

a) Open up again

b) Show me the way

c) Thank you

d) You're the best

Q6: What was inside the trunk?

a) Chocolate

b) Candy

c) Tree bark

d) Friends

napter 12: Les Enfants Maléfiques

This story is about a boy named Hugo who was born with the gift of evil, and the inner conflict he faces about what to do and what not to do with this evil gift.

Les Enfants Maléfiques

Hugo est un garçon qui ne joue pas suivant les règles. Il n'écoute pas ses parents, ni son enseignante, ni ses amis. Ils lui réprimandent toujours, mais ça ne change pas ses actions. Quand il devient très fâché, tout le monde a peur car il a l'habileté de bouger les choses avec sa colère. Ses parents décident que ça peut faire mal à quelqu'un, et q' ils en ont eu assez de la façon dont il se comporte. Après une année de l'école très mauvaise, les parents d'Hugo le portent à une école nouvelle. Hugo ne sait pas pourquoi, car il ne voit pas de problème avec son comportement. Il doit maintenant aller à une école où il doit rester toute la nuit pendant toute la semaine. Hugo devient fâché.

Le premier jour à la nouvelle école, Hugo arrive et il remarq[ue]
que tous les enfants lui ressemblent dans leurs personnalités e[t]
leurs comportements ! Il se demande pourquoi. Est-ce que c'est
une école pour les enfants comme lui ? Les enfants maléfiques ?

Quand il visite sa nouvelle chambre pour mettre ses bagages, il
demande à son nouveau camarade de chambre

"C'est quoi cette école ici ? Pourquoi tout le monde est si fâché et
si mauvais ?

-Ceci, c'est une école pour les enfants maléfiques. Ils essaient à
nous changer en des enfants agréables et gentils. Nous avons été
nés avec un talent spécial. Nous sommes des enfants avec le
cadeau de malveillance.

-Huh ? Demande Hugo. Wow, je suis spécial. Il aime l'idée d'être
spécialement méchant. Et quoi ? Je ne veux pas devenir un enfant
gentil ! Je dois garder mon talent pour moi !

-Moi non-plus, mais mes parents m'ont envoyé ici et je n'ai pas
quitté le campus pendant un an !"

Hugo pense des idées en tant qu'il marche autour du campus,
pour voir comment lui et les autres enfants maléfiques peuvent

...cole et retourner dans le monde et la société encore

...pour savourer leurs talents.

...ur prochain, à la table du petit déjeuner, Hugo fait une

...nonce,

"Mes amis, les adultes essaient à nous changer, d'effacer nos talents et nos cadeaux de naissance. Qui veut me joindre pour échapper d'ici et prendre le contrôle de notre ville ? Nous avons des talents avec lesquels on peut dominer tous les gens de la ville!

-Oui ! Crie tout le monde Hugo ! Hugo ! Hugo !"

A chaque repas, Hugo et les enfants forment leur plan pour échapper et pour dominer. Ils vont échapper la fin de semaine prochaine.

Pendant les rendez-vous, Hugo apprend que les enfants plus âgés ont l'habileté de contrôler des choses avec leur colère. Il apprend qu'ils peuvent faire des choses spécifiques s'ils veulent. Ils peuvent contrôler des choses comme les lumières et les objets. Hugo décide qu'il veut devenir un des enfants comme ça quand il devient plus âgé. Pour faire ça, son plan pour échapper doit fonctionner parfaitement, autrement il va passer le reste de sa jeunesse ici et il va perdre ses talents au lieu de les renforcer.

La nuit vient quand ils vont quitter l'école pour la dernière fo Les étudiants âgés utilisent leurs colères pour fermer toutes l lumières de l'école. Pendant que les professeurs cherchent un façon de les allumer encore, les enfants quittent l'école par le sous-sol. Ils courent par la forêt et ils marchent en groupe vers leur ville.

Ils arrivent à leur vieille école et ils entrent par l'utilisation de leur colère pour désarmer les portes. L'école va être leur repaire, ils décident. Tous les enfants âgés deviennent très fâchés, et ensemble ils peuvent contrôler toute la colère collective pour faire des grandes choses. Ils font cela à l'extérieur et ils bloquent les portes de chaque maison en ville.

Le matin prochain, Hugo va pour une promenade pour voir s'ils ont pris contrôle de la ville. Quand il marche, il voit une fille assise sur le gazon d'une maison, pleurer. Hugo remarque que cette fille est très belle. Il se demande pourquoi elle pleut et elle dit qu'un groupe d'étudiants qui sont venus de l'école des enfants maléfiques ont fermés toutes les maisons et elle ne peut pas trouver de l'abris. Hugo ne veut pas qu'elle sait qu'il vient de ce groupe-là. Elle lui demande pourquoi il n'a pas peur s'il est dehors sans abris aussi. Il lui répond qu'il a dormi dans un cabanon dans l'arrière-cour de sa maison.

Hugo veut maintenant aider cette fille parce qu'elle a très peur et elle est très belle. Hugo laisse la fille et il lui dit qu'il va retourner

...tion. Hugo court à l'école pour trouver un étudiant
...i aider. Il entre et il voit que quelqu'un d'autre est en
... faire un rendez-vous. Ça c'est mon travail, pense Hugo.
...saie à prendre ma position ! Pense Hugo. Hugo saute sur
...strade et il crie

"Tout le monde ! Ecoutez-moi ! Les enfants regardent Hugo. Ce plan peut faire mal à nos familles, nos amis, les enfants. On doit arrêter ici ! Nous avons échappé, et maintenant on doit s'arrêter.

-Quoi ! Crie tout le monde. Non ! On est en train de commencer ! On n'a pas fait rien encore, on n'est pas fini ! "

Car personne ne l'écoute pas, Hugo devient très fâché. Il descend de la rue et il marche dehors pour trouver sa nouvelle amie. Quand il est en train de marcher vers sa maison, il pense des événements des minutes passées. Il devient de plus en plus fâché. Il devient assez fâché qu'il commence à bouger des boîtes à ordures et les boîtes à lettres qui sont à côté de la rue. Le plus fâché qu'il devient, le plus loin qu'il lance les boîtes, avec sa colère seulement. Quand il voit son amie nouvelle, il devient beaucoup plus fâché parce qu'il veut l'aider mais tout le monde a dit non. Il devient assez fâché maintenant qu'il brise toutes les fenêtres devant qu'il marche. Les gens à l'intérieur de leurs maisons regardent Hugo dans la rue avec des visages de la peur. La fille regarde Hugo avec de la peur.

"Viens avec moi. Dit Hugo à la fille. Elle se lève lentement. Je n veux pas te faire mal. Dit Hugo.

-Euh, d'accord. Hugo marche par le gazon vers la maison de la fille et il vient très proche à la fenêtre qui est maintenant brisée.

-Allo ! Crie Hugo. Viens ici s'il-vous-plait, je vais vous aider. La famille de la fille approche la fenêtre avec hésitation. Hugo les aide à sortir de la maison par le fenêtre. Hugo lui dit qu'ils doivent sortir de la ville assez vite que possible car le groupe des étudiants vont essayer à contrôler tout le monde. Hugo court dans la rue en criant à tout le monde de sortir de leurs maisons et de sortir de la ville en voiture. Les gens commencent à sortir par les fenêtres. La famille de la fille est maintenant dans sa voiture et ils arrêtent à côté d'Hugo.

"Au revoir, et merci beaucoup. Dit la fille.

-Non, merci à toi ma chérie. Répond Hugo

-à moi ? Pourquoi ? Hugo sourit et la voiture commence à bouger.

-Au revoir. Crie Hugo. Merci pour m'avoir changé. Il dit tranquillement. "

...mencent à partir de la ville dans leurs voitures et ... vers sa maison. Il crie à tout le monde de sortir ... qu'il court à la maison. Quand il arrive, ses parents ont ... xpression surprenante.

Allo, dit Hugo. Vous-devez partir maintenant !

-Qu'est ce qui se passe Hugo ? Demande son père.

-Je vais vous expliquer tout mais plus tard, montez-vous dans la voiture. Ses parents montent dans leur voiture et ils arrêtent pour qu'Hugo monte aussi. "

"Je ne viens pas, mais je vais vous rejoindre plus tard.

-Non, Hugo tu viens avec nous. Dit sa mère. Hugo commence à courir vers l'école.

-à plus-tard ! Partez-vous maintenant ! Crie Hugo. "

Hugo arrive à l'école et les étudiants sont dehors. Ils commencent à se fâcher pour utiliser leurs colères encore une fois.

"Arrêtez-vous ! Crie Hugo. Il faut que vous vous arrêtez ! Tout le monde tourne pour voir Hugo

-Non Hugo, tu es exactement comme les autres, tu dois partir d'ici."

Hugo devient de plus en plus fâché et il commence à lancer
affaires des étudiants avec sa propre colère. Il est beaucoup pl
fort qu'il savait. Il est beaucoup plus fort que personne ne savait
Il devient fâché d'une intensité plus forte que jamais. Les
étudiants ont peur maintenant.

"Arrêtez-vous, maintenant !"

Crie Hugo d'un ton très fâché. Les enfants âgés ignorent Hugo.
Tout à coup, il devient si fâché qu'il interdit la colère des étudiants
âgés et ils sont étourdis.

"Je vous avais dit. Dit Hugo d'un ton calme maintenant."

Tout le monde commence à courir vers l'école et ils entrent l'école
pour trouver de la protection. Hugo utilise sa colère maintenant
pour fermer l'école pour que personne ne quitte. Il peut entendre
les gens à l'intérieur qui essaient à ouvrir les portes et les fenêtres
avec leur colère, mais la force d'Hugo est trop puissante.

Hugo marche vers sa maison. Il prend quelques affaires et il
retourne dans la rue. Il commence à marcher dans la direction où
ses parents et tout le monde est allé.

Fin

...e histoire c'est que les autres personnes sont plus

...s que le pouvoir ou la reconnaissance. Quelques fois,

... que recevoir de la reconnaissance soit plus importante

...s sentiments des autres, mais nos relations avec les autres

...a façon dont nous nous comportons avec eux sont plus

...mportantes. Dans la vie, les relations qu'on a avec les personnes
qui nous aiment sont la chose la plus importante.

L'autre leçon c'est que les gens fassent des choses très hors de
caractère quand ils tombent en amour. Les gens peuvent penser
qu'ils veulent une certaine sorte de vie, mais tout peut changer
quand ils tombent en amour. On dit que l'amour nous fait fou.
Dans cette histoire, Hugo a pensé qu'il voulait une vie où il
pouvait être si méchant et si maléfique qu'il voulait, mais à la fin,
ses sentiments pour la fille qu'il a rencontrée ont été la chose qui
l'a changé.

Summary of Les Enfants Maléfiques:

Hugo is a boy who becomes quite angry quite quickly and when he does, he makes objects move and break. After he is acting out at school for an entire school year, Hugo's parents become worried that he could hurt someone with his anger. They decide to send him to a new school where he will also live so that he can be watched over. When he gets there, he notices that everyone there is a lot like him. They are angry and mad all the time.

He asks his roommate what it is and his roommate explains to him that all of the children at this school, including him, were born with a special kind of evil within them and this school will help him to become a normal and nice boy.

Hugo says that he doesn't want to lose his natural born gift of being evil. He asks the other students how they feel about it and they all say their parents sent them there against their will. None of them want to lose their talent, so Hugo suggests to them that they should all rise and combine their evil powers to take over the town that they all came from.

They hold secret meetings and plan to escape later in the week. During these meetings, Hugo learns that the older students can make big things happen with their anger because it is stronger.

When the night comes that they plan to make their escape, they use their evil powers to make the entire school go dark and sneak out while the teachers are trying to find a way to turn the lights back on.

They enter the town and use their evil powers to break into their old school and all of the older students combine their powers in order to lock everyone's doors in the whole town so that everyone is locked inside their houses.

They create a lair at their old school and plan to control the town from there.

When he goes outside for a walk to examine the town the next day, Hugo sees a girl sitting outside, crying. He asks her why she is crying, and she says that she has been locked out of her house and separated from her parents because of an evil group of students from the evil school.

She does not know Hugo is part of this group and he wants to keep it this way. Hugo notices that she is incredibly beautiful. She asks Hugo where he stayed all night since he is locked out too and he tells her that he spent the night in a shed behind his house.

He tells her he will help get her back inside and leaves her in front of her house. He runs back to the lair at the school. When he gets there, he sees that another student is leading a meeting without him. *They took my job!* Thought Hugo.

Hugo jumps up on stage and yells for everyone to listen to him. He tells them that they need to stop. He says that they should be happy that they have escaped but that they should call off the plan of taking over the town.

Everyone boos him and disagrees, telling him to leave.

He leaves the school and begins walking towards the girl's house once again. On his way there, he is thinking about how someone took his job and he becomes quite angry. He then thinks about how they all disagreed with him and refused to call off the plan. He gets even angrier. As he gets angrier, garbage bins and mailboxes at the side of the road begin to lift off of the ground and go flying, landing far down the street. He thinks about the beautiful girl and how much he wants to help her and becomes even more angry at the kids from school. Suddenly, his anger becomes so strong that all the windows in the houses he is walking by begin smashing.

He comes up to the girl and she is staring at him with fear. All the families in their houses are staring out the broken windows in fear as well.

"I'm not going to hurt you." Says Hugo to the girl.

Hugo runs to the girl's house and tells her family that they need to get everyone out now.

He tells them to get in their car and drive as far as they can out of town. The girl gets into her parents' car and they get ready to leave. The girl thanks Hugo and he replies by saying "no, thank you." She wonders what for.

As her car drives off down the street Hugo quietly says to himself "For changing me."

He runs down the street yelling for everyone to escape as he is heading toward his parents' house.

All the townspeople run out of their houses and Hugo warns them that the students are trying to take over the town.

They get into their cars and speed off.

He gets to his parents' house and tells them they need to get in the car. They oblige and before they leave, they are waiting for him to get in. He says he is not coming and begins running off down the street, saying that he will catch up with them later.

Hugo runs back to the school and he is so angry that he begins to throw all the students' belongings around with his anger. He is much stronger than he knew. Much stronger than anyone knew. As things begin flying all around, the students become scared. They all begin running.

Hugo goes outside the school and using his extreme amount of anger, he puts a lock on the school like that which was put on all the houses of the neighborhood the night before.

He walks down the street away from the school, calmly now.

He walks to his house to grab a few things and then starts off down the road in the direction that his parents and his new love drove.

The moral of this story is that the relationships we have with people are the most important things in life. We may think that we want recognition or status in society, but these things are not as important as the people we care about. The people we love and care about are the most important and in the end, all the really matters is them.

The second lesson is that love changes people. We may think that we want certain things in life or that we have ways of being or reacting to situations that will never change, but as soon as we fall in love, this can all change. People say that love makes you crazy, and to an extent this is true. Or at least that it makes us do crazy things. In this story, Hugo thought that he wanted a life full of menace and to use his evil talents as much as he could, but as soon as he saw that beautiful girl his evil ways went right out the window and all he wanted to do was protect her and save her from evil.

Words and Phrases from Les Enfants Maléfiques:

- Enfants: Kids

- Maléfiques: Evil, maleficent

- Joue=verb Jouer: To play

- Il n'écoute pas=verb Ecouter + ne pas: He doesn't listen to

- Son enseignant: His teacher

- Réprimandent = verb Réprimander: to reprimand, to scold

- Toujours: Always, all the time

- Devient = verb Devenir: To become

- Fâché: Angry, mad

- Bouger = to move (something)

- Colère: anger (noun)

- Faire mal: To hurt (someone)

- école: school

- Il se comporte: he carries himself, he conducts himself, his demeanor

- Prennent = verb Prendre: to take (somewhere, something)

- Rester: To stay

- Nuit: Night

- Pendant: During, throughout

- Semaine: Week

- Nouvelle: New

- Pourquoi: Why, how come

- Bagages: bags, suitcases

- Camarade de chambre: Roommate

- Mauvais: Bad, negative

- Agréable: Agreeable, well-behaved

- Gentil: Nice

- Né: Born

- Cadeau: gift

- Malveillance: evil

- Demande = verb Demander: To ask

- Méchant: Mean

- Devenir: To become

- Envoyer: To send

- Quitté: verb Quitter: To leave

- Pendant: During, throughout, for an amount of time

- Un an: One year

- Idées: Ideas

- Autour: Around

- Échapper: To escape

- Le monde: The world
- Savourer: Enjoy

- Petit dejeuner: Breakfast

- Une annonce: An announcement

- Effacer: to erase, to get rid of

- Cadeaux de naissance: Birth gift, gift you were born with

- Joindre: To join

- Repas: Meal

- Dominer: to dominate

- Fin de semaine: Weekend

- Rendez-vous: Meeting

- plus âgés: Older

- L'habileté: the skill

- Les Choses: things

- Fonctionner: To function, to run, to work

- Parfaitement: Perfectly

- Autrement: Otherwise, alternatively

- Jeunesse: Childhood, youth

- Ici: here

- Perdre: to lose

- Au lieu de les renforcer: Instead of reinforcing/improving them

- Dernière: last, final
- Fermer les lumières: turn off the lights

- Etudiants: Students

- Professeurs: Teachers, professors

- Cherchent = verb chercher: To search, to look for (something), to try to find

- Comment: A way, a method

- Sous-sol: Basement

- Forêt: Forest

- Vieille: Old, former, previous

- Entrent = verb entrer: To enter

- Désarmer: To disarm

- Portes: doors

- Repaire: Lair, basecamp

- Collectif: collective

- Grandes choses: big things

- Bloquent = verb bloquer: To lock

- Maison: House

- Matin prochain: Next morning

- Promenade: A walk, stroll

- Pris contrôle = verb prendre: to take control of

- Assis: seated, sitting

- Belle: beautiful, pretty

- Pleurer: To cry (tears)

- Venu = verb venir: To come

- Cabanon: Cabin, shed, hut

- L'arriere-cour: Backyard

- Aider: to help

- Laisse = verb laisser: to leave

- En train de: In the process of, in the middle of, currently (doing something)

- Position: job, position

- Travail: Work, job

- La rue: the street

- Ecoutez-moi: Listen to me

- Regardent = verb regarder: to look

- Maintenant: now

- Arrêter: to stop

- Tout le monde: everyone, everybody

- Commencer: to begin, to start, to commence

- Rien: Nothing

- Fini = verb finir: finished, to finish

- Dehors: outside

- Pense = verb Penser: to think

- Boîtes à ordures : garbage bins, trash cans

- boîtes à lettres: mailboxes

- Loin: Far, far away

- Lance = lancer: to throw

- Seulement: Only

- Dit = verb dire: to say

- Brise = verb briser: to break

- Des visages de peur: scared faces

- Se lève: to stand up

- Hesitation: hesitantly, with hesitancy

- Tout le monde: the whole world, everyone

- Sortir: to leave, to exit

- Voiture: car, vehicle

- Tranquillement: quietly

- à plus-tard: See you later

- Les affaires: belongings, possessions

- Beaucoup plus fort qu'il savait: much stronger (much more forceful) than he knew

- Interdit: interrupt, prevent

- Etourdis: stunned, shocked, dizzy

- Quitte = verb quitter: to leave

- Puissant: powerful

Questions From Les Enfants Maléfiques:

Q1: Why did Hugo have to move to another school?

    a) He wasn't smart enough

    b) He wasn't behaving

    c) He had no friends

    d) He wanted to switch

Q2: What was different about his new school?

    a) It was harder academically

    b) It was for smarter children

    c) It was for kids with an evil gift

    d) It was for kids who were orphans

Q3: Why did Hugo and his other friends want to escape the school?

    a) The teachers were trying to erase the students' evil gifts

    b) They wanted to get pizza

    c) They missed their friends

    d) They just felt like it

Q4: What did the students do to keep the civilians inside their houses?

    a) They closed the windows

    b) They told them to stay

    c) They locked all the doors with their powers

    d) They asked everyone if they would mind staying inside

Q5: What did they use as their lair?

    a) The community centre

    b) The church

    c) Hugo's house

    d) Their old school

Q6: What made Hugo rethink his decision to take over the town with his evil powers?

a) The girl he saw crying

b) The garbage cans flying around

c) The school needs to be used for classes

d) He liked his town

Closing Notes

En français

Nous espérons qu'après avoir lu ces histoires, vous avez compris beaucoup de choses. Nous espérons que vous avez bien aimé ces histoires et qu'ils vous ont enseigné plusieurs sujets et pas uniquement des mots et des phrases. Nous espérons que vous avez appris des choses sur la vérité et mensonge, sur la famille et l'amour.

In English

We hope that after reading these stories, you learned many things. We hope that you thoroughly enjoyed the stories and that they taught you many different things other than words and sentences in French. We hope that you learned things about truth and lying, about family and about love.

Answers to Multiple Choice Quizzes

Quiz 1: Sylvie Et Le Livreur De Lait

Q1: c

Q2: c

Q3: b

Q4: a

Q5: d

Q6: b

Quiz 2: L'Histoire De Mélanie

Q1: d

Q2: d

Q3: a

Q4: b

Q5: a

Q6: d

Quiz 3: Le Bûcheron

Q1: d

Q2: c

Q3: a

Q4: b

Q5: c

Q6: d

Quiz 4: Le Petit Chat (Qui N'est Pas Très Petit Du Tout)

Q1: a

Q2: b

Q3: d

Q4: a

Q5: d

Q6: a

Quiz 5: Le Dragon au Sommet

Q1: d

Q2: a

Q3: b

Q4: c

Q5: a

Q6: c

Quiz 6: Les nouveaux voisins

Q1: a

Q2: c

Q3: d

Q4: a

Q5: b

Q6: d

Quiz 7: Le Monde Au-Dessus

Q1: d

Q2: d

Q3: a

Q4: c

Q5: b

Q6: b

Quiz 8: La Souris et Le Lapin:

Q1: a

Q2: d

Q3: c

Q4: c

Q5: a

Q6: d

Quiz 9: La Fontaine De Jeunesse

Q1: b

Q2: a

Q3: d

Q4: a

Q5: d

Q6: d

Quiz 10: Arabesque La Fée

Q1: a

Q2: b

Q3: d

Q4: e

Q5: c

Q6: b

Quiz 11: L'Arbre

Q1: c

Q2: d

Q3: a

Q4: b

Q5: c

Q6: a

Quiz 12: Les Enfants Maléfiques

Q1: b

Q2: c

Q3: a

Q4: c

Q5: d

Q6: a

Conclusion

Congratulations and thank you for reaching the end of *French Short Stories For Beginners*. We hope that through reading this book you gained a deeper knowledge of common expressions in the French language as well as how to use them. We hope also that you developed a greater wealth of knowledge of French terms and vocabulary, especially French verbs, and the different forms that they are used in. We hope that you enjoyed reading this book aloud and that you will continue to read it repeatedly as many times as you can. Every time you do so, you will discover and learn more about the French language. You will also notice and discover new things about the stories themselves each time you read through them. Don't be afraid to consult every resource you have in the beginning while you enrich yourself and your mind in the French language.

When learning a language, practice and repetition are key and this book is a great tool to help you to study in this way. You can read this book to your children or to your partner as there are a variety of themes and subjects in the stories in this book, some for children and some for adults. I hope you can enjoy the playful nature and light-heartedness of these fantasy stories and that you will continue to enjoy them as you share this book.

We hope that you will continue your journey of learning the French language. There are many more books that you can turn to for your next steps as you become more comfortable with the basics of the language. In no time, you will be speaking French sentences!

There are many places you can go to learn languages without ever going to school or entering a classroom. The great thing about technology is that it allows us to access so many different things quite easily. Listening to an audiobook can really help you to understand the pronunciation and intonation of the language, especially in French. If you have read this book aloud to yourself multiple times, we recommend listening to the audiobook version of this book as well. This way, you will be able to hear a person who is fluent in the language speak it with their perfected accent and their fluent tongue. We recommend waiting to do this until you have finished reading aloud to yourself at least once, that way you will be familiar with the words and the plot of the stories, and you will be able to focus on the individual words that you have trouble pronouncing or understanding.

Learning a language is an exciting journey and one that not everybody chooses to take. Congratulations on taking your first steps and completing this book!

CPSIA information can be obtained
at www.ICGtesting.com
Printed in the USA
LVHW081818241020
669607LV00002B/170

9 781914 052095